Cicero | Gespräche über Freundschaft, Alter und die Freiheit der Seele

Jubiläumsausgabe

M. Tullius Cicero

Gespräche über Freundschaft, Alter und die Freiheit der Seele

Laelius über die Freundschaft · Cato der Ältere über das Alter · Scipios Traum

Aus dem Lateinischen übersetzt und herausgegeben von Marion Giebel

Reclam

RECLAMS UNIVERSAL-BIBLIOTHEK Nr. 11124

Umschlaggestaltung: ZERO MEDIA GmbH, München
Umschlagabbildung: FinePic®, München
Druck: Reclam, Ditzingen
Buchbinderische Verarbeitung: Kösel, Krugzell
Printed in Germany 2017

ISBN 978-3-15-011124-6
www.reclam.de

Inhalt

Anhang

Laelius – Über die Freundschaft

(Laelius de amicitia)

(Cicero an Atticus)

1. Quintus Mucius der Augur hatte die Angewohnheit, von seinem Schwiegervater Gaius Laelius vieles aus dem Gedächtnis und in unterhaltsamer Art zu erzählen und ihn dabei ohne Bedenken in jedem Gespräch »den Weisen« zu nennen. Ich aber war von meinem Vater, als ich die Männertoga angelegt hatte, dem Scaevola zur Unterweisung anvertraut worden,[1] und das führte dazu, dass ich, soweit ich konnte und durfte, dem Greis niemals von der Seite wich. Und so habe ich mir vieles von seinen klugen Erörterungen und auch kurze und treffende Aussprüche eingeprägt und mich bemüht, aus seiner Lebensklugheit Nutzen für meine Bildung zu ziehen. Nach seinem Tod schloss ich mich dem Oberpriester Scaevola an, den ich, mit seinem hohen Geist und seinem rechtlichen Sinn, eine einzigartige Leuchte unseres Staates zu nennen wage. Doch von ihm ein anderes Mal; ich komme nun wieder auf den Augur zurück.

Neben vielen anderen Äußerungen erinnere ich mich auch daran, wie er einmal daheim in seinem Lehnsessel saß und ich mit nur wenigen vertrauten Freunden bei ihm war und er auf das zu sprechen kam, was damals gerade bei vielen das Gesprächsthema war: Du erinnerst dich sicher daran, Atticus, umso eher, da du ja mit Publius Sulpicius viel zusammen warst, als er sich als Volkstribun in tödlichem Hass mit Quintus Pompeius verfeindete, mit dem er in so inniger und herzlicher Verbundenheit gelebt hatte, und du erinnerst dich auch, wie sehr sich die Leute damals darüber wunderten und wie sehr sie die Sache bedauerten.

Und gerade im Zusammenhang mit der Erwähnung dieses Vorfalls teilte uns Scaevola damals das Gespräch des Laelius über die Freundschaft mit, das dieser mit ihm selbst und mit dem anderen Schwiegersohn, Gaius Fannius, dem Sohn des Marcus, geführt hatte, wenige Tage nach dem Tod des Africanus.

Die Grundgedanken dieses Gesprächs habe ich mir damals eingeprägt und sie nun in der vorliegenden Schrift meinem Ermessen nach dargelegt. Ich lasse nämlich die Gesprächsteilnehmer selber sprechen, damit ich nicht zu oft ein »sagte ich« und »sagte er« einschieben muss und damit das Gespräch wie ein Dialog von hier anwesenden Personen wirkt.

Du hast mich ja schon oft gedrängt, ich solle etwas über die Freundschaft schreiben; da schien mir nun dieses Gespräch von allgemeinem Interesse zu sein und zugleich auch im Einklang mit unserer vertrauten Freundschaft. So habe ich mich nicht ungern dazu entschlossen, kann ich doch auf deine Bitte hin auch einem größeren Kreis nützen. Im *Cato Maior*, der Schrift, die ich für dich über das Alter verfasst habe, ließ ich den Cato als hochbetagten Unterredner auftreten. Keine andere Gestalt erschien ja geeigneter als die seine, über diese Altersstufe zu sprechen, weil er sehr lange im hohen Alter gelebt hat und gerade darin so frisch und munter war wie kaum ein anderer. Da wir von unseren Vätern her wissen, dass die Freundschaft zwischen Gaius Laelius und Publius Scipio wahrhaft denkwürdig war, schien mir die Gestalt des Laelius wie geschaffen dazu, über die Freundschaft eben das vorzutragen, was er Scaevolas Erinnerung zufolge hierzu geäußert hat. Diese Art von Gesprächen aber, gestützt auf das Ansehen von

Menschen früherer Epochen, und zwar von berühmten, scheint mir irgendwie besonders nachdrücklich zu wirken. So habe ich selbst beim Lesen meiner Schrift bisweilen den Eindruck, es spräche hier Cato und nicht ich.

Wie ich aber damals als Älterer an einen Älteren über das Alter schrieb, so schreibe ich in diesem Buch als vertrauter Freund an den Freund über die Freundschaft. Dort sprach Cato, beinahe der älteste Mann jener Zeit, weiser als jeder andere; jetzt soll Laelius über die Freundschaft sprechen, auch er ein Weiser, dafür galt er, und ausgezeichnet durch den Ruhm seiner Freundestreue. Du sollst aber für eine Weile deine Aufmerksamkeit von mir abwenden und dir vorstellen, Laelius spreche selber.

Gaius Fannius und Quintus Mucius kommen nach dem Tod des Scipio Africanus zu ihrem Schwiegervater; mit ihnen beginnt das Gespräch. Laelius antwortet; er führt die ganze Erörterung über die Freundschaft: Wenn du sie liest, wirst du dich selbst darin erkennen.

(Beginn des Gesprächs)

2. Fannius: So ist es, Laelius: Keinen besseren Mann hat es gegeben als Africanus, keinen berühmteren. Doch du musst dir darüber klar sein, dass nun aller Augen auf dich allein gerichtet sind. Dich nennen sie den Weisen und halten dich auch wirklich dafür. Dieser Beiname wurde vor gar nicht so langer Zeit noch dem Marcus Cato zugestanden; auch Lucius Acilius hieß, wie wir wissen, bei unseren Vätern »der Weise«, doch jeder in etwas anderer Hinsicht: Acilius, weil man ihn für einen Kenner auf dem Gebiet des

bürgerlichen Rechts hielt, Cato aufgrund seiner reichen Erfahrung in vielen Sachgebieten. Von seinem Wirken im Senat und auf dem Forum wusste man vieles zu nennen: seine klugen Vorschläge, konsequent geführte Verhandlungen, scharfsinnige Rechtsbescheide. Deshalb hatte er in seinem Alter schon den förmlichen Beinamen »der Weise«. Du aber bist auf andere Art weise, nicht nur aufgrund deines Charakters und deiner Lebensführung, sondern auch aufgrund deiner geistigen Interessen und wissenschaftlichen Kenntnisse, und zwar nicht wie die große Masse, sondern wie Gebildete im Allgemeinen jemand »weise« nennen. So kennen wir in ganz Griechenland keinen – die sogenannten »Sieben Weisen« werden von denjenigen, die sich mit solchen Fragen genauer beschäftigen, nicht zur Zahl der Weisen gerechnet –, nur in Athen gab es einen, nämlich den, der sogar vom Orakel des Apollon als der Weiseste bezeichnet wurde.[2] Deine Weisheit, so glaubt man, bestehe darin, dass du überzeugt bist, alles ruhe in dir selbst und die Wechselfälle des menschlichen Lebens besäßen weniger Macht als eine auf die Tugend gegründete Persönlichkeit.[3] Daher fragen die Leute mich – und ich glaube auch Scaevola hier –, wie du den Tod des Africanus erträgst, und das noch besonders aus folgendem Grund: An den Nonen[4] im letzten Monat, als wir wie üblich in den Gärten des Augurs Decimus Brutus zu Besprechungen zusammengekommen waren, bist gerade du nicht dabei gewesen, obwohl du doch sonst gewöhnlich diesen Termin und diese Aufgabe äußerst gewissenhaft wahrnimmst.

Scaevola: Freilich fragen viele, Laelius, wie Fannius eben sagte, aber ich antworte mit dem, was ich bemerken konnte: dass du nämlich den Schmerz, den du durch den Tod des besten Mannes und des engsten Freundes erlitten hast, in gefasster Haltung erträgst, dass du aber nicht unerschüttert bleiben konntest, was auch dein menschliches Gefühl gar nicht erlaubt hätte.[5] Dass du aber an den Nonen nicht an unserer Versammlung teilgenommen hast, dafür war, so gab ich Auskunft, dein gesundheitliches Befinden die Ursache, nicht deine Trauer.

Laelius: Damit hast du völlig recht, Scaevola: Von dieser Verpflichtung, die ich stets wahrgenommen habe, wenn ich wohlauf war, hätte ich mich niemals durch etwas mir Ungelegenes abhalten lassen dürfen, und ich glaube, kein Mann von festem Charakter sollte sich bei irgendeinem Schicksalsschlag eine Pflichtversäumnis erlauben.

Von dir aber, Fannius, ist es sehr freundlich, mir zu sagen, dass man so hoch von mir denkt, was ich weder als wahr anerkennen noch für mich in Anspruch nehmen will. Mit deinem Urteil über Cato scheinst du mir aber nicht ganz recht zu haben. Entweder ist nämlich niemand weise – was ich wenigstens eher glaube – oder, wenn überhaupt jemand, dann war er es. Wie hat er doch – um von anderem ganz zu schweigen – den Tod seines Sohnes getragen! Ich erinnere mich an Paulus, ich habe auch Galus erlebt, doch sie verloren Söhne im Kindesalter, Cato aber einen schon gereiften und geachteten Mann. Deshalb solltest du beileibe nicht dem Cato irgendjemand vorziehen, nicht einmal den Mann, den Apollon, wie du sagst, als den Allerweisesten bezeichnet hat. Von Cato werden nämlich Taten, von ihm aber nur Worte gepriesen. Was aber mich angeht, um nun mit euch beiden zu sprechen, so sollt ihr Folgendes wissen:

3. Wollte ich behaupten, ich verspürte gar keine Trauer

um Scipio, dann sollten die Philosophen darüber urteilen, wie recht ich daran täte, ich müsste aber lügen, wenn ich das sagte. Ich bin erschüttert durch den Verlust eines solchen Freundes, wie es, so glaube ich, keinen mehr geben wird und wie es sicherlich auch noch keinen gegeben hat. Doch brauche ich kein Heil- und Linderungsmittel; ich tröste mich selbst, und zwar hauptsächlich mit jenem Trost, dass ich von dem Irrglauben frei bin, mit dem sich die meisten beim Hingang ihrer Freunde gewöhnlich abquälen: Nichts Schlimmes hat, so glaube ich, Scipio betroffen; mich hat es betroffen, wenn überhaupt. Sich mit seinem eigenen Kummer das Herz schwerzumachen, das zeigt nur, dass man nicht den Freund, sondern sich selbst liebt. Wer will aber bestreiten, dass es Scipio wahrhaft herrlich ergangen ist? Falls er sich nicht – woran er aber am allerwenigsten gedacht hat – gewünscht hat, für immer hier zu leben: Was hat er dann nicht erreicht von allem, was sich ein Mensch nur wünschen darf? Die hohen Erwartungen, die seine Mitbürger schon in seiner Knabenzeit auf ihn setzten, hat er als junger Mann sogleich mit seiner unglaublichen Tüchtigkeit noch überboten. Um das Konsulat hat er sich niemals bemüht; er ist aber zweimal Konsul gewesen, das erste Mal vor der festgesetzten Zeit, das zweite Mal war es für seine Person zur rechten Zeit, für den Staat aber fast schon zu spät.[6] Zwei Städte, Todfeinde unseres Reiches, hat er zerstört und damit nicht nur gegenwärtige Kriege beendet, sondern auch zukünftige von vornherein verhindert. Was soll ich sagen von seinem äußerst liebenswürdigen Wesen, von der Liebe zu seiner Mutter, der Großzügigkeit gegenüber seinen Schwestern, der Güte gegen die Seinen, seiner Rechtlichkeit gegen alle? Das kennt ihr ja selbst. Wie teuer er aber seinen Mitbürgern war, das hat sich an der Trauer bei seinem Leichenbegängnis gezeigt. Was hätte ihm also die Zugabe einiger Jahre noch bringen können? Mag das Greisenalter auch nicht so drückend sein – ich erinnere mich, wie Cato im Jahr vor seinem Tod mit mir und Scipio darüber sprach –, es raubt uns doch die Frische und Lebenskraft, die Scipio bis dahin noch besaß. Daher war sein Leben so reich an Glück und Ruhm, dass einfach nichts mehr dazukommen konnte. Sein Tod aber erfolgte so plötzlich, dass er das Gefühl des Sterbens gar nicht hatte. Auf welche Art er starb, ist schwer zu sagen; ihr wisst ja, was die Leute darüber argwöhnen. So viel darf man aber in Wahrheit sagen: Für Publius Scipio hatte von den vielen hoch gefeierten und freudenreichen Tagen, die er erleben durfte, der Tag den höchsten Glanz, an dem er nach dem Schluss der Senatssitzung gegen Abend von den Senatoren, vom römischen Volk, von den Bundesgenossen und den Latinern[7] nach Hause geleitet wurde. Es war am Tag, bevor er aus dem Leben schied. Daher hat es den Anschein, er sei von einer so hohen Stufe der Würde eher zu den überirdischen als zu den unterirdischen Göttern gelangt.

4. Ich stimme nämlich nicht mit denen überein, die jüngst damit angefangen haben, die Lehre aufzustellen, mit dem Leib ginge zugleich auch die Seele zugrunde, und alles werde durch den Tod vernichtet.[8] Mehr gilt für mich die gewichtige Meinung der Alten: Das sind einmal unsere Vorfahren, die den Toten geheiligte Ehrenrechte zuerkannten, was sie gewiss nicht getan hätten, wären sie der Ansicht gewesen, die Toten hätten nichts mehr davon. Dann meine ich diejenigen, die in diesem Land gelebt und Großgrie-

chenland[9], das zwar jetzt nicht mehr besteht, seinerzeit aber in Blüte stand, mit ihren Unterweisungen und Lehren erzogen haben. Und ich meine auch die Autorität des Mannes, der vom Orakel Apollons der weiseste genannt worden ist und der hierüber nicht bald dieses, bald jenes für richtig hielt, wie die breite Masse, sondern stets das gleiche: Die Seelen der Menschen seien göttlich und ihnen stünde, sobald sie den Leib verlassen haben, die Rückkehr in den Himmel offen, und sie ist für die Besten und Gerechtesten jeweils am leichtesten. Dies hielt auch Scipio für richtig. Er hat ja, als ob er eine Vorahnung gehabt hätte, noch wenige Tage vor seinem Tod, als auch Philus und Manilius dabei waren – auch du, Scaevola, bist mit mir hingegangen –, drei Tage lang ein Gespräch über den Staat geführt.[10] Sozusagen die Krönung seines Vortrags bildete das, was er über die Unsterblichkeit der Seele seinen Worten nach im Schlaf durch eine Traumerscheinung vom älteren Africanus vernommen hatte. Wenn es nun so ist, dass die Seelen aller Gutgesinnten im Tod am leichtesten aus dem Kerker und den Fesseln des Leibes entfliehen, was meinen wir: Wer mag dann wohl einen leichteren Weg zu den Göttern gehabt haben als Scipio? Wenn man daher über seinen Tod trauert, würde man dies, so befürchte ich, eher aus Missgunst denn aus Freundestreue tun. Wenn aber die andere Lehre der Wahrheit näher käme, dass nämlich Seele und Leib gleichzeitig zugrunde gingen und keine Empfindung mehr verbliebe, dann ist zwar nichts Gutes am Tod, aber entschieden auch nichts Schlechtes. Denn beim Verlust der Empfindung ist es ja gerade so, als ob man gar nicht geboren wäre. Dass Scipio aber geboren wurde, darüber freuen wir uns, und darüber wird sich auch unser Staat freuen, solange er besteht. Deshalb ist ihm, wie ich vorher sagte, auch nur das Beste geschehen; mich traf es härter, da es für mich angemessener gewesen wäre, früher aus dem Leben zu gehen, wie ich auch früher eingetreten bin. Aber dennoch finde ich in der Erinnerung an unsere Freundschaft solchen Genuss, dass mir mein Leben glücklich erscheint, weil ich es mit Scipio leben durfte, mit dem ich die Sorge für den Staat und für das persönliche Leben teilte, mit dem mich nicht nur die gemeinsame Zeit als Hausgenossen und als Kriegskameraden verband, sondern auch das, was das ganze Wesen der Freundschaft ausmacht: vollkommene Übereinstimmung in Zielsetzungen, geistigen Interessen und politischen Ansichten. Und so freut mich nicht so sehr der Ruf meiner Weisheit, den Fannius soeben erwähnte – zumal er unbegründet ist –, als vielmehr die Hoffnung, die Erinnerung an unsere Freundschaft werde ewig dauern. Und das ist für mich umso mehr eine Herzenssache, da sich ja aus allen Jahrhunderten kaum drei oder vier Freundespaare nennen lassen.[11] Als eine Freundschaft dieser Art wird, so darf ich hoffen, die zwischen Scipio und Laelius der Nachwelt bekannt bleiben.

Fannius: Das wird bestimmt so sein, Laelius. Doch da du nun schon einmal auf die Freundschaft zu sprechen kamst und wir gerade frei von Staatsgeschäften sind, würdest du mir und sicherlich auch Scaevola einen großen Gefallen erweisen, wenn du in der gleichen Art, in der du gewöhnlich über andere Themen sprichst, die man dir vorlegt, auch die Freundschaft erörtern würdest: was du dazu meinst, wie sie deiner Ansicht nach sein soll und welche Vorschriften du dabei geben möchtest.[12]

Scaevola: Mich wird das bestimmt freuen, denn eben

darum wollte ich dich gerade angehen, da kam mir Fannius zuvor. Also würdest du uns beiden einen großen Gefallen erweisen.

5. Laelius: Ich würde mich gewiss nicht lange bitten lassen, wenn ich es mir nur selber zutraute. Es ist ja ein wichtiges Thema, und wie Fannius schon sagte, hätten wir gerade Zeit. Doch wer bin ich, was befähigt mich dazu? Es ist ja die Gewohnheit gelehrter Männer und gerade der Griechen, sich ein Thema stellen zu lassen, das sie dann erörtern, und sogar aus dem Stegreif. Das ist aber eine schwierige Aufgabe und bedarf nicht geringer Übung. Daher solltet ihr, was man in einer Erörterung über die Freundschaft sagen kann, bei denen suchen, meine ich, deren Fach das ist. Ich kann euch nur mahnend dazu auffordern, die Freundschaft allen menschlichen Gütern vorzuziehen. Nichts ist nämlich unserer Natur so gemäß, so passend zu unseren Lebensverhältnissen, sei es im Glück oder im Unglück.

Dies ist aber meine erste Einsicht, dass Freundschaft nur zwischen Gutgesinnten bestehen kann. Ich meine das allerdings nicht im strengsten Sinn, wie die Leute das tun, die solche Fragen recht scharfsinnig erörtern, vielleicht ganz richtig, aber doch zu wenig auf den allgemeinen Nutzen bezogen. Sie sagen, es könne keiner ein guter Mensch sein, wenn er nicht gleichzeitig ein Weiser ist.[13] Das mag so sein, aber sie verstehen Weisheit als etwas, das bisher kein Sterblicher erreicht hat. Wir müssen uns jedoch an das halten, was auf der Erfahrung des täglichen Lebens beruht – nicht an das, was man sich so zusammenfabuliert oder wünscht. Niemals werde ich behaupten, Gaius Fabricius, Manius Curius oder Tiberius Coruncanius, Männer, die unsere Vorfahren als Weise bezeichnet haben, seien nach der Regel dieser Philosophen weise gewesen. Darum mögen sie ihren Begriff von Weisheit für sich behalten, nebelhaft und missverständlich wie er ist, sie sollen aber zugeben, dass die Genannten rechtschaffene Männer gewesen sind. Doch nicht einmal das werden sie tun; sie werden sagen, diese Auszeichnung käme nur dem Weisen zu.

Wir wollen also sozusagen unseren gesunden Menschenverstand walten lassen. Menschen, die sich so verhalten, so leben, dass ihre Treue und Lauterkeit, ihr Rechtsgefühl und ihre edle Gesinnung erprobt sind, bei denen sich keine Begehrlichkeit, keine ungezügelten Leidenschaften und keine Skrupellosigkeit finden und die ihre Charakterfestigkeit unter Beweis stellen, wie es bei denen der Fall war, die ich eben genannt habe – diese Männer müssen auch, so glauben wir, die Guten genannt werden. Dafür galten sie ja auch, weil sie, soweit Menschen das vermögen, der Natur als der besten Führerin zu einem rechtschaffenen Leben folgten.[14] Das glaube ich nämlich klar zu erkennen: Wir sind so geschaffen, dass zwischen uns allen eine Art von Gemeinschaft besteht, die umso inniger ist, je näher uns einer steht. Daher gelten uns Mitbürger mehr als Auswärtige, Verwandte mehr als Fremde. Denn zwischen Verwandten hat schon die Natur von sich aus ein freundschaftliches Verhältnis geschaffen, das allerdings in seiner Stabilität weniger weit geht. Denn darin übertrifft die Freundschaft das verwandtschaftliche Verhältnis: Bei der Verwandtschaft kann die gegenseitige Zuneigung fehlen, bei der Freundschaft aber nicht. Fehlt nämlich die Zuneigung, gibt es auch keine Freundschaft mehr, eine Verwandtschaft bleibt jedoch bestehen. Wie stark aber die Kraft der Freundschaft wirkt, kann man am ehesten daran erkennen, dass aus der unbegrenzten, von der Natur selbst gestifteten Gemeinschaft des Menschengeschlechts sich ein so enger Zusammenschluss gebildet hat, dass die volle Zuneigung nur zwei oder wenige Personen verbindet.

6. Es ist nämlich die Freundschaft nichts anderes als Übereinstimmung in allen göttlichen und menschlichen Dingen, verbunden mit Sympathie und Liebe. Im Vergleich zu ihr ist den Menschen wohl – die Weisheit einmal ausgenommen – nichts Besseres von den unsterblichen Göttern geschenkt worden. Es gibt zwar welche, die lieber reich sein wollen, andere ziehen stabile Gesundheit vor, wieder andere Macht und Einfluss, hohe Ämter, viele auch sinnliche Genüsse. Das Letztere ist freilich Sache von Tieren; die vorher genannten Dinge aber sind vergänglich und unsicher, weil sie nicht so sehr von unseren eigenen Entschlüssen abhängig sind als vielmehr von der Laune des Schicksals. Diejenigen freilich, die in der Tugend das höchste Gut sehen, haben ein hohes Ziel vor Augen: Gerade diese Tugend ist es ja, die Freundschaft entstehen lässt und erhält; ohne Tugend kann echte Freundschaft nie und nimmer bestehen.

Diese Tugend wollen wir nun nach dem Sprachgebrauch unseres täglichen Lebens erklären und sie nicht wie gewisse Philosophen mit hochtrabenden Worten definieren. Wir wollen rechtschaffene Männer diejenigen nennen, die als solche angesehen werden: einen Paulus, Cato, Galus, Scipio, Philus. Mit solchen gibt sich das gewöhnliche Leben zufrieden; die aber wollen wir beiseitelassen, die nie und nirgendwo zu finden sind. Unter Männern solcher Art bietet Freundschaft so große Vorteile, wie ich sie kaum aufzählen kann. Zuerst: Wie gibt es überhaupt ein »lebenswertes Leben«, wie Ennius sagt, das nicht auf gegenseitiger Sympathie von Freunden beruht? Was ist denn angenehmer, als jemanden zu haben, mit dem du dich getrauen kannst, alles so zu bereden wie mit dir selbst? Würdest du glückliche Stunden so genießen können, wenn du nicht jemanden hättest, der sich darüber ebenso freut wie du? Unglück gar wäre schwer zu ertragen ohne einen, der es sogar noch schwerer nimmt als du. Die anderen Dinge endlich, die man erstrebt, sind fast immer nur zu einzelnen Zwecken dienlich: Einfluss, um Ansehen zu gewinnen, Ämter, um Ruhm zu ernten, Vergnügungen, um Spaß daran zu haben, Gesundheit, um frei von Schmerzen zu sein und seinen Körper gebrauchen zu können. Die Freundschaft aber umfasst die meisten Lebensbereiche: Wohin du dich auch wendest, da ist sie, von keinem Ort ist sie ausgeschlossen, niemals kommt sie ungelegen, nie ist sie beschwerlich. Daher haben wir, wie man so sagt, nicht Wasser, nicht Feuer so oft nötig wie sie. Und zwar spreche ich jetzt nicht von der alltäglichen und durchschnittlichen Freundschaft, obwohl auch diese schon Freude und Nutzen bringt, sondern von der wahren und vollkommenen, wie es sie nur bei den wenigen gab, die wir mit Namen nennen können. Eine solche Freundschaft macht nämlich ein Glück noch glänzender, das Unglück aber, indem sie es teilt und damit halbiert, leichter.

7. Sehr viele und recht große Vorteile gibt es also bei der Freundschaft; das hat sie aber unbedingt vor allem anderen voraus: Sie erhellt uns die Zukunft mit freudigen Hoffnungen und lässt unseren Mut nicht erlahmen noch sinken. Wer nämlich auf einen wahren Freund blickt, der sieht sozusagen ein Abbild seiner selbst.[15] Daher sind Abwesende

zugegen, Bedürftige überreich, Schwache stark und – was sich mit Worten noch schwerer ausdrücken lässt – Tote lebendig. Solch ein ehrendes Andenken, solche Sehnsucht der Freunde folgt ihnen nach, dass sie im Tod noch glücklich erscheinen, die Lebenden aber lobenswert. Nimmt man jedoch die Bande der Zuneigung aus der Welt, dann kann keine Hausgemeinschaft, keine Stadtgemeinde mehr bestehen, nicht einmal die Feldbestellung kann weitergehen. Wem es weniger einleuchtet, wie stark einträchtige Freundschaft wirkt, dem wird es im Blick auf Uneinigkeit und Zwietracht klarwerden. Denn welche Hausgemeinschaft, welche Bürgerschaft ist so gesichert, dass sie nicht durch Hass und Zwietracht von Grund aus zerstört werden könnte? Hieran lässt sich ermessen, wie viel Wert in der Freundschaft liegt. Es soll ja ein gelehrter Mann aus Agrigent in griechischen Versen seherisch Folgendes verkündet haben: Was in der Natur und im gesamten Weltall fest steht oder sich bewegt, das wird durch Freundschaft zusammengehalten, durch Zwietracht aber getrennt. Das können alle Menschen einsehen und in der Wirklichkeit erproben. Gibt es daher einmal ein Beispiel von Freundestreue, indem jemand Gefahren auf sich nimmt oder sie teilt, wer fände dafür nicht Worte höchster Anerkennung? Was für ein lauter Beifall tönte nicht neulich durch den ganzen Zuschauerraum, als das neue Stück meines lieben Gastfreundes Marcus Pacuvius aufgeführt wurde. Als da der König nicht wusste, welcher von den beiden Männern Orestes sei und Pylades sich für Orestes ausgab, um an seiner Stelle getötet zu werden – und wie dann der wirkliche Orestes aber darauf bestand, er sei Orestes. Stehend klatschten die Leute Beifall für ein erdichtetes Geschehen.

Was hätten sie wohl erst getan, wenn es Wirklichkeit gewesen wäre? Ganz von selbst zeigte da das natürliche Gefühl seine Stärke, da die Menschen das, was sie selbst nicht tun könnten, bei einem anderen für richtig erklärten.

So weit habe ich nun meine Ansicht über die Freundschaft vorgetragen, nach bestem Wissen und Können. Wenn es darüber hinaus noch etwas gibt – und ich glaube, es gibt noch vieles –, dann lasst euch darüber, wenn ihr wollt, von denen belehren, die über dieses Thema ihre Erörterungen abhalten.

Fannius: Wir wollen es aber lieber von dir hören! Ich habe zwar auch diese Leute schon mehrmals befragt und habe sie gewiss nicht ungern gehört, aber deine Art der Darstellung ist doch etwas ganz anderes!

Scaevola: Du könntest das noch viel eher behaupten, Fannius, wenn du neulich in den Gärten Scipios dabei gewesen wärst, als über den Staat gesprochen wurde. Wie ist Laelius da als ein Anwalt der Gerechtigkeit gegen die sorgfältig aufgebaute Rede des Philus aufgetreten!

Fannius: Das fiel wohl leicht, wenn ein so gerechter Mann die Gerechtigkeit verteidigt.

Scaevola: Und die Freundschaft? Sollte nicht auch das ein Leichtes sein für ihn, der doch seinen größten Ruhm daraus gewonnen hat, dass er sie mit höchster Treue, Standhaftigkeit und Gewissenhaftigkeit bewahrte?

8. Laelius: Das heißt ja einem Gewalt antun! Was macht es schon aus, wie ihr mich zwingt? Ihr bezwingt mich auf jeden Fall. Denn sich dem Drängen seiner Schwiegersöhne zu widersetzen, noch dazu in einer guten Sache, das fiele nicht leicht und wäre obendrein nicht recht und billig.

Je öfter ich also über die Freundschaft nachdenke, desto

mehr scheint mir das Folgende reiflicher Überlegung wert: Sucht man Freundschaft nur aus Schwäche und Bedürftigkeit, damit im Geben und Empfangen von Wohltaten ein jeder das, was er von sich aus weniger vermag, von einem anderen erhält und dafür Gegenleistungen erbringt? Oder ist dies zwar ein charakteristisches Merkmal der Freundschaft, aber es gibt doch noch einen anderen Grund, der ursprünglicher und edler ist und mehr der menschlichen Natur entstammt? Die Liebe nämlich, *amor*, von der der Ausdruck Freundschaft, Freundesliebe, *amicitia*, gebildet wird, ist ja der erste Antrieb, ein Band gegenseitiger Sympathie zu knüpfen. Vorteile gewinnt man auch oft von denen, die man mit erheuchelter Freundschaft umwirbt und nur bestimmter Umstände wegen achtet. Bei einer echten Freundschaft aber ist nichts erdichtet, nichts erheuchelt und alles beruht auf Wahrhaftigkeit und freiem Willen. Deswegen scheint mir Freundschaft eher aus unserem natürlichen Wesen als aus Bedürftigkeit zu erwachsen und mehr aus dem inneren Drang, sich an jemanden anzuschließen, verbunden mit einem Gefühl der Sympathie, als aus der Berechnung, wie viel Nutzen die Sache bringen werde. Was es damit auf sich hat, lässt sich auch bei manchen Tieren beobachten, die ihre Jungen bis zu einem bestimmten Zeitpunkt so lieben und von ihnen so wiedergeliebt werden, dass ihre Gefühle leicht zu erkennen sind. Das tritt beim Menschen noch viel deutlicher hervor: Erstens in dem Band der Liebe zwischen Kindern und Eltern, das nur durch eine grässliche Untat zerrissen werden kann, dann aber, wenn ein ähnliches Liebesempfinden in uns erwacht, sobald wir jemand gefunden haben, mit dem wir in seiner Lebensauffassung und seinem inneren Wesen harmonieren, weil wir in ihm sozusagen ein leuchtendes Vorbild von Rechtschaffenheit und Tugend vor uns haben. Nichts Liebenswerteres gibt es ja als die Tugend, nichts, was uns mehr zu liebender Wertschätzung anlockte – lieben wir doch wegen ihrer Tugend und Rechtschaffenheit in gewisser Weise sogar Menschen, die wir nie gesehen haben. Wer könnte sich denn den Gaius Fabricius, den Manius Curius ohne ein Gefühl warmer Sympathie ins Gedächtnis rufen, die er doch nie gesehen hat? Gibt es aber einen, der dem Tarquinius Superbus, dem Spurius Cassius und Spurius Maelius gegenüber nicht ein Gefühl des Hasses empfindet? Mit zwei Feldherren gab es in Italien einen harten Kampf um die Macht, mit Pyrrhos und Hannibal. Dem ersten gegenüber haben wir wegen seiner Redlichkeit keine allzu feindlichen Gefühle; den anderen aber wird unser Volk seiner Grausamkeit wegen für immer hassen.

9. Wenn nun redliche Gesinnung eine so starke Wirkung hat, dass wir sie sogar an Menschen lieben, die wir nie gesehen haben, ja sogar, was noch mehr besagen will, selbst noch an einem Feind: Da ist es doch kein Wunder, wenn Menschen sich angezogen fühlen, sobald sie an Leuten, mit denen sie im täglichen Verkehr zusammen sein können, deren edlen Charakter und ihre Herzensgüte aus der Nähe kennen lernen. Freilich festigt sich die Liebe, wenn man Dienste erwiesen bekommt, gegenseitige Neigung feststellen kann, verbunden mit dem näheren Umgang. Kommt dies alles zu der anfänglichen ersten Herzensregung dazu, dann entbrennt auf wunderbare Weise ein mächtiges Feuer der Sympathie. Wenn manche glauben, dies ginge aus einer Schwäche hervor, damit man jemand hat, mit dessen Hilfe ein jeder erlangt, was er begehrt, dann weisen sie der

Freundschaft wahrhaftig nur einen niedrigen und keineswegs edlen Ursprung zu: Sie ist ja ihrer Ansicht nach aus Not und Mangel entstanden. Wenn das so wäre, dann müsste einer umso geeigneter sein als Freund, je weniger Stärke er in sich verspürt. Es ist aber doch ganz anders: Je mehr Selbstvertrauen jemand hat, je besser er durch innere Stärke und Weisheit so abgesichert ist, dass er keinen anderen braucht und ganz in sich selbst ruhen kann, desto mehr zeichnet gerade er sich dadurch aus, dass er Freundschaften sucht und pflegt. Was meint ihr denn: Hat Africanus mich etwa nötig gehabt? Bei Gott nicht! Aber ich hatte ihn ebenso wenig nötig: Ich habe ihn vielmehr aus Bewunderung für seine Tugend geliebt, er mich wiederum wegen einer vielleicht nicht ganz ungünstigen Meinung, die er von meiner charakterlichen Veranlagung hatte. Persönlicher Umgang hat die gegenseitige Sympathie gesteigert. Doch obwohl unsere Freundschaft zahlreiche bedeutende Vorteile mit sich brachte, ist unsere gegenseitige Wertschätzung dennoch nicht aus der Hoffnung auf solche Vorteile entstanden.

Denn wie wir wohltätig und freigebig sind, nicht um Dank einzufordern – wir legen ja unsere Wohltaten nicht auf Wucher an –, wir neigen vielmehr von Natur aus zu einer wohlwollenden Gesinnung: so halten wir auch Freundschaft nicht in der Hoffnung auf Gewinn für erstrebenswert, sondern weil ihr eigenster Genuss schon in der Liebe selbst besteht.

Von einer solchen Auffassung sind die natürlich meilenweit entfernt, die nach Art des lieben Viehs alles an der Sinnenlust messen.[16] Kein Wunder, denn zu etwas Erhabenem, zu Großartigem und Göttlichem kann man ja den

Blick nicht erheben, wenn man all sein Denken an eine so niedrige und verächtliche Sache verschwendet hat. Deshalb wollen wir solche Leute von unserem Gespräch ausschließen, wir wollen aber zu der Einsicht kommen, dass ein Gefühl der Hochschätzung und liebevollen Zuneigung aus unserem angeborenen menschlichen Wesen heraus entsteht, sobald sich bei jemand eine redliche Gesinnung gezeigt hat. Denn alle, die sich davon angezogen fühlen, schließen sich an und rücken näher, um sich an dem Umgang und den charakterlichen Vorzügen dessen zu erfreuen, der ihre Wertschätzung gewonnen hat. Ihre Zuneigung ist auf beiden Seiten gleich stark und von gleicher Art; sie neigen mehr dazu, Dienste zu erweisen als Gegendienste zu fordern: Darin besteht bei ihnen ein ehrenvoller Wettstreit. So kann man einerseits aus der Freundschaft größten Nutzen ziehen, ihr Ursprung aus unserer Natur und nicht aus Schwäche verleiht ihr andererseits aber doch mehr Gewicht und innere Wahrhaftigkeit. Würde nämlich der Nutzen Freundschaftsbande knüpfen, dann würde er sie auch wieder auflösen, wenn sich die Voraussetzungen dafür geändert haben. Weil die natürliche Veranlagung aber keiner Veränderung unterliegt, bleiben wahre Freundschaften auch ewig bestehen.

Da habt ihr nun den Ursprung der Freundschaft, falls ihr nicht noch etwas hinzufügen wollt.

Fannius: Nein, fahre nur fort, Laelius. Denn ich gebe für den Jüngeren hier kraft meines Rechtes als Älterer gleich die Antwort mit!

Scaevola: Recht hast du! Darum lass uns weiter hören!

10. Laelius: So hört also, ihr trefflichen Männer, was so oft zwischen Scipio und mir über die Freundschaft erörtert

wurde. Freilich sagte er, es sei nichts schwerer, als dass eine Freundschaft bis zum letzten Lebenstag bestehen bleibe. Denn es käme öfter vor, dass etwas nicht für beide gleichermaßen förderlich sei, oder man habe nicht die gleiche politische Überzeugung. Es wandelt sich, meinte er, des Öfteren auch die Lebenseinstellung, manchmal durch Schicksalsschläge, manchmal auch weil das Alter drückend werde. Und als Beispiel führte er eine vergleichbare Situation aus der frühen Jugend an, wo die größte Liebe zwischen Knaben oft mit dem Knabenkleid abgelegt werde. Hat sich die Freundschaft aber bis zum Beginn des Mannesalters halten können, scheitert sie dennoch bisweilen durch einen Streit wegen eines Ehekontrakts oder wegen eines anderen Vorteils, den eben nicht beide zugleich erhalten können. Und falls einige die Freundschaft noch länger hätten aufrechterhalten können, käme es doch öfter zum Bruch, wenn sie in Konkurrenz um ein Amt geraten. Die schlimmste Pest, die Freundschaften bedroht, ist nämlich bei der Mehrzahl die Geldgier, gerade bei den Besten aber der Wettstreit um Ehre und Ruhm, woraus schon oft die bittersten Feindschaften zwischen engsten Freunden entstanden sind. Zu schweren und sogar berechtigten Zerwürfnissen kommt es seiner Ansicht nach auch, wenn man von Freunden etwas fordert, was nicht recht ist, dass sie etwa der Sittenlosigkeit Vorschub leisten sollen oder Hilfestellung bei unrechtem Tun. Die das ablehnen, tun es zwar zu Recht, ihnen wird aber doch von den anderen, denen sie nicht zu Willen sein wollten, der Vorwurf gemacht, sie verletzten das Recht der Freundschaft. Und die es wagen, einem Freund alles Mögliche zuzumuten, wollen durch ebendiese Zumutung zu verstehen geben, sie ihrerseits würden ihrem Freund zuliebe alles tun! Sie sind dann beleidigt, und dadurch zerbrechen nicht nur alte Freundschaften, es entstehen daraus auch ewig dauernde Feindschaften. Diese Gefahren schwebten gleichsam wie dunkle Schicksalswolken in großer Zahl über jeder Freundschaft. Um ihnen allen zu entrinnen, meinte Scipio, sei wohl nicht nur Weisheit, sondern auch Glück erforderlich.

11. Darum lasst uns, wenn es euch recht ist, zunächst feststellen, wie weit die Liebe in der Freundschaft gehen darf. Angenommen, Coriolan hatte Freunde in Rom – durften diese mit ihm zusammen gegen die Vaterstadt in den Krieg ziehen? Durften die Freunde den Vecellinus bei seinem Streben nach Alleinherrschaft unterstützen, oder den Maelius? Dass Tiberius Gracchus, als er den Staat bedrohte, von Quintus Tubero und anderen gleichgesinnten Freunden verlassen wurde, das haben wir selbst erlebt. Anders war es mit Gaius Blossius aus Cumae, einem Gastfreund eurer Familie, Scaevola. Als er, um sich zu entschuldigen, zu mir kam – ich war nämlich Beisitzer im Rat der Konsuln Laenas und Rupilius –, da hat er als Begründung dafür, dass ich ihm Verzeihung gewähren sollte, angeführt, er habe den Tiberius Gracchus so hoch geschätzt, dass er glaubte, alles tun zu müssen, was dieser von ihm wollte. Da sagte ich: »Auch wenn er gewollt hätte, dass du das Kapitol anzündest?« – »Niemals hätte er das gewollt«, antwortete Blossius, »aber wenn, dann hätte ich ihm gehorcht!« Da seht ihr – das sind doch verbrecherische Reden! Und wirklich, er handelte auch so, ja noch viel mehr, als er da sagte. Er hat nämlich Tiberius Gracchus bei seinem Wahnsinnsunternehmen nicht nur gehorcht, er hat eine führende Rolle gespielt und sich nicht nur als Genossen bei seiner Ra-

serei, sondern als Anführer zur Verfügung gestellt. Und in diesem Wahn ist er dann durch das neuerliche Untersuchungsverfahren so in Panik geraten, dass er nach Kleinasien floh, sich den Feinden anschloss und mit schwerer, doch gerechter Strafe für sein Vergehen am Staat büßte. Es ist also keine Entschuldigung für ein Vergehen, wenn man es einem Freund zuliebe begeht. Denn wenn das Bild der Tugend, das man sich von jemandem gemacht hat, die Freundschaft stiftete, dann kann diese schwerlich bestehen bleiben, wenn der andere den Pfad der Tugend verlässt.

Wenn wir es also für richtig hielten, den Freunden alles zu bewilligen, was sie wollen, und von ihnen alles zu erlangen, was wir wollen, so wäre das nichts Schlimmes, vorausgesetzt allerdings, dass wir die vollkommene Weisheit besäßen. Aber wir sprechen ja von solchen Freunden, wie wir sie in Wirklichkeit vor uns haben, die wir sehen oder an die wir uns erinnern, eben wie man sie im Leben gemeinhin kennt; von ihnen müssen wir unsere Beispiele nehmen, und zwar hauptsächlich von denen, die der Weisheit am nächsten kommen. Wir sehen, dass Aemilius Papus mit [Fabricius] Luscinus eng befreundet war – so haben wir es von unseren Vätern gehört: Zweimal waren sie zusammen Konsuln, beide waren auch Kollegen im Amt des Zensors. Und der Überlieferung zufolge waren mit ihnen auch Manius Curius und Tiberius Coruncanius eng verbunden, beide auch selbst gute Freunde. Da kann uns also nicht einmal der Verdacht kommen, einer dieser Männer habe von seinem Freund etwas verlangt, was gegen Treu und Glauben, gegen ihren Eid oder gegen das Staatswohl gewesen wäre. Denn was braucht man bei solchen Männern erst zu versichern, dass einer so etwas, selbst wenn er es gefordert, doch niemals erhalten hätte! Es waren ja untadelige Männer; und es wäre gleichermaßen unrecht, derartiges auf eine Bitte hin zu tun wie es zu erbitten. Dennoch folgten dem Tiberius Gracchus ein Gaius Carbo, Gaius Cato und sein eigener Bruder Gaius – damals zwar weniger, er vertritt aber jetzt seine Sache mit allem Eifer.

12. Das soll uns also als unverbrüchliches Gesetz in der Freundschaft gelten, dass wir schimpfliche Dinge weder erbitten noch sie auf Bitten hin tun. Schändlich und keineswegs annehmbar ist nämlich die Entschuldigung – schon bei anderen Verfehlungen, besonders aber bei solchen gegen den Staat –, wenn jemand erklärt, er habe um des Freundes willen so gehandelt. Denn wir sind unserem Rang entsprechend verpflichtet, Fannius und Scaevola, weit voraus zu schauen auf die künftigen Geschicke unseres Staates. Die Art, wie unsere Vorfahren den Staat verwalteten, ist ja schon ein ganzes Stück von ihrem Platz und ihrer Bahn abgekommen.

Tiberius Gracchus unternahm den Versuch, die Königsmacht an sich zu reißen, das heißt, er hatte sie wirklich inne, freilich nur für ein paar Monate. Hatte das Römervolk je schon etwas Ähnliches gehört oder gesehen? Ihm blieben auch nach seinem Tod seine Freunde und seine Verwandten weiterhin treu; was sie gegen Publius Scipio ins Werk gesetzt haben, das kann ich ohne Tränen gar nicht aussprechen. Den Carbo haben wir, so gut wir es eben konnten, noch hingenommen, da ja Tiberius Gracchus kurz zuvor seine Strafe gefunden hatte. Was ich jedoch vom Tribunat des Gaius Gracchus erwarte, das möchte ich lieber gar nicht voraussagen. Es greift heimlich etwas um sich, das, wenn es einmal angefangen hat, nur allzu rasch ins Verderben führt. Ihr seht ja, wie großer Schaden schon früher durch das Abstimmungsverfahren angerichtet wurde, erst mit dem Gesetz des Gabinius, zwei Jahre darauf mit dem des Cassius. Ich sehe schon das Volk völlig vom Senat getrennt und die wichtigsten Entscheidungen nach dem Gutdünken der Masse getroffen. Mehr Leute werden nämlich lernen, auf welche Art man solche Dinge anstellt, als auf welche Art man ihnen zu widerstehen habe.[17] Wozu sage ich das? Weil ohne Helfershelfer keiner einen solchen Versuch unternehmen kann. Darum gilt es, den staatstreu gesinnten Bürgern Folgendes einzuschärfen: Wenn sie ohne ihr Wissen, durch irgendeinen Zufall in Freundschaften dieser Art hineingeraten sind, dann sollen sie sich keinesfalls so gebunden fühlen, dass sie sich von ihren Freunden, die einen schweren Frevel gegen das Gemeinwohl begehen, nicht lossagen dürften. Die Übeltäter müssen ihre Strafe erhalten; diese darf aber durchaus nicht geringer sein für solche, die einem anderen gefolgt sind, als für diejenigen, die Haupträdelsführer bei dem verbrecherischen Unternehmen waren. Wer war denn berühmter in Griechenland als Themistokles, wer war mächtiger? Doch nachdem er als Feldherr im Perserkrieg Griechenland vom Joch der Knechtschaft befreit hatte und dann aufgrund von neidvollen Intrigen in die Verbannung getrieben worden war, da hat er die ungerechte Behandlung durch sein undankbares Vaterland nicht hingenommen, die er doch hätte ertragen sollen. Er tat das Gleiche wie zwanzig Jahre zuvor Coriolan bei uns. Aber es fand sich bei ihnen niemand als Helfer gegen das Vaterland, und so gaben sich beide den Tod. Daher darf man ein solches Einvernehmen von Frevlern nicht mit Freundschaft bemänteln, man muss es vielmehr mit aller

Strenge ahnden, damit keiner meint, es sei erlaubt, dem Freund auch zu folgen, wenn er sogar einen Krieg gegen das Vaterland entfacht. So wie die Dinge sich entwickelt haben, wird dieser Fall wohl in Zukunft einmal eintreten.[18] Ich sorge mich aber um die Lage des Staates, wie sie nach meinem Tod sein wird, nicht minder als um die heutige.

13. Das also soll als oberstes Gesetz der Freundschaft gelten, dass wir von Freunden nur Ehrenhaftes fordern, nur Ehrenhaftes Freunden zuliebe tun, ja dass wir damit gar nicht abwarten, bis wir darum gebeten werden. Wir halten uns stets bereit, da gibt es kein Zögern; auch freimütig unseren Rat zu erteilen sollen wir uns keineswegs scheuen. Größtes Gewicht soll in einer Freundschaft das Ansehen wohlmeinender Freunde haben, dieses Ansehen soll eingesetzt werden, um nicht nur offen, sondern auch, wenn es sein muss, mit Nachdruck zu ermahnen, und wo es geltend gemacht wird, soll man ihm auch gehorchen.

Freilich haben da einige Männer, die, wie ich höre, in Griechenland als Weise gelten, ganz wunderliche Ansichten vertreten[19] – es gibt ja nichts, was die Griechen nicht mit ihrer Spitzfindigkeit behandelt hätten –; einige erklären also, auf einen zu großen Freundeskreis solle man verzichten, damit sich nicht einer um viele kümmern müsse; jeder habe ja mit seinen eigenen Angelegenheiten mehr als genug zu tun, sich in fremde allzu sehr einzulassen, das bringe nur Belastung mit sich. Am bequemsten sei es, die Zügel der Freundschaft möglichst lang zu lassen, damit man sie nach Belieben anziehen oder lockern kann. Die Hauptsache für ein glückliches Leben sei es nämlich, frei von Sorgen zu sein. In diesen Genuss kann man aber nicht kommen, wenn man als Einzelner sozusagen für mehrere die Geburtswehen durchmachen muss. Andere wieder, so heißt es, behaupten etwas, das noch viel weniger der menschlichen Natur entspricht – ich habe diesen Punkt zuvor schon kurz angesprochen: Man müsse, um Schutz und Hilfe zu haben, Freundschaften schließen, nicht aus Zuneigung und Liebe. Das heißt also, wer die geringste Stärke und die wenigsten Kräfte besitzt, der sucht auch am meisten nach Freunden. Daher kommt es, sagen sie, dass das schwache Geschlecht mehr auf den Schutz der Freundschaft aus ist als die Männer, die Armen mehr als die Reichen, die Unglücklichen mehr als die, die man als glücklich ansieht. Was für eine herrliche Weisheit! Der nimmt doch wohl die Sonne aus der Welt, der die Freundschaft aus dem Leben nimmt; nichts Besseres haben uns doch die unsterblichen Götter geschenkt, nichts Angenehmeres. Was ist denn dieses Freisein von Sorgen? Dem äußeren Schein nach ist es zwar verlockend, in Wirklichkeit aber in vielfacher Hinsicht abzulehnen. Es ist nämlich keinesfalls in Ordnung, irgendeine ehrenhafte Angelegenheit nicht zu übernehmen oder sie, nachdem man sie übernommen hat, wieder aufzugeben – nur damit man sich keine Sorgen machen muss! Wenn man Sorgen und Mühen vermeiden will, dann muss man auch die Tugend meiden, da man sich notwendigerweise darum sorgen muss, alles, was im Gegensatz zu ihr steht, zurückzuweisen und abzulehnen: Redlichkeit weist die Schlechtigkeit zurück, Mäßigkeit die Begierden, Tapferkeit die Feigheit. So kann man sehen, dass über Ungerechtigkeiten Gerechte am meisten bekümmert sind, Tapfere über Feigheit, über Schändlichkeiten die Gesitteten. Es ist also das Wesensmerkmal eines Menschen, der nach rechten Grundsätzen lebt, sich an edlen Dingen zu erfreuen und über Gegenteiliges betrübt zu sein.

Wenn daher auch den Weisen ein Schmerz in seinem Innern treffen kann – und er trifft ihn wirklich, falls wir nicht annehmen, aus seinem Herzen sei jegliches menschliche Gefühl getilgt –, welchen Grund gäbe es dann, die Freundschaft ganz aus dem Leben auszuschließen, nur um nicht ihretwegen irgendwelche Beschwerlichkeiten auf sich nehmen zu müssen? Denn wenn man jede Gemütsregung ausschaltet, welcher Unterschied besteht da noch – ich will nicht sagen zwischen einem Menschen und einem Tier, sondern zwischen einem Menschen und einem Holzklotz, einem Felsen oder sonst einem Ding dieser Art? Man darf nämlich nicht auf solche Leute hören, die die Tugend hart und wie aus Eisen haben wollen;[20] sie ist vielmehr wie in vielen anderen Dingen so auch in der Freundschaft weich und nachgiebig: So weitet sich unser Herz ja geradezu beim Wohlergehen des Freundes, bei seinem Unglück aber schnürt es sich zusammen. Daher wiegt die Angst, die man für den Freund oft ausstehen muss, nicht so schwer, dass sie die Freundschaft aus dem Leben bannen könnte. Ebenso wenig dürfte man die Tugenden ablehnen, weil sie einiges an Sorge und Beschwernis mit sich bringen.

14. Die Freundschaft aber entsteht, wie ich vorhin sagte, wenn irgendein Merkmal einer vorbildlichen Haltung hervorleuchtet, dem sich eine verwandte Seele zuwenden und anschließen möchte. Wenn das eintritt, dann muss daraus auch liebende Zuneigung entstehen. Es wäre doch höchst unvernünftig, sich zwar an allerlei leblosen Dingen zu erfreuen wie an Ehre und Ruhm, Haus, Kleidung und Schmuck des Körpers, an einem lebenden Wesen aber, das

von Tugend geprägt ist, das lieben und Liebe erwidern kann, keine besondere Freude zu haben! Es gibt doch nichts Erfreulicheres als erwiderte Zuneigung, als gegenseitige Neigungen und Austausch von Gefälligkeiten.

Und weiter: Wenn wir noch hinzufügen, was mit Recht dazu gehört, dass es nichts gibt, was etwas anderes solchermaßen anlockt und an sich zieht, wie eine Übereinstimmung im Wesen zur Freundschaft hinzieht – dann wird man doch zugestehen müssen, es sei richtig, dass Gute nur Gute hochschätzen und diese an sich ziehen, als wären sie durch natürliche Verwandtschaft mit ihnen verbunden. Nichts verlangt ja mehr nach seinesgleichen und zieht es stärker an als unsere Natur. Aus diesem Grund muss also feststehen, mein Fannius und Scaevola, dass zwischen Guten ein naturnotwendiges Band der Sympathie besteht, und das hat die Natur als Quelle der Freundschaft so eingerichtet. Doch diese Haltung der Guten kommt auch der breiten Masse zugute: Die Tugend ist nämlich nicht menschenfeindlich, ungefällig oder überheblich. Sie nimmt ja gewöhnlich die Völker insgesamt in ihren Schutz und sorgt für sie aufs beste, was sie gewiss nicht täte, wenn sie sich der allgemeinen Menschenliebe verschließen würde.

Ja noch mehr: Mir scheint doch, die Leute, die aus Nützlichkeitsgründen ihre falschen Vorstellungen von Freundschaft pflegen, lösen gerade das Liebenswerteste am Freundschaftsbund auf. Unsere Freude kommt doch nicht so sehr aus dem Nutzen, den wir durch einen Freund gewonnen haben, als vielmehr aus der Liebe des Freundes, und was wir vom Freund erhalten, wird uns erst dann lieb, wenn seine Gabe den Stempel seiner Zuneigung trägt. Und weit davon entfernt, dass Freundschaften aus Mangel und

Bedürfnis gepflegt werden, ist es sogar so: Wer aufgrund seiner Machtmittel, seines Vermögens, hauptsächlich aber aufgrund seiner Tüchtigkeit, die den besten Schutz bietet, am wenigsten einen anderen braucht, gerade der ist besonders freigebig und wohltätig. Es wäre vielleicht aber auch nicht angebracht, wenn Freunde überhaupt nie etwas bräuchten. Wie hätte denn mein Bemühen um die Freundschaft sich bewähren können, wenn Scipio niemals meinen Rat, niemals meine Hilfe gebraucht hätte, weder daheim noch im Krieg? So ist also nicht die Freundschaft ihrem Nutzen gefolgt, wohl aber hatte die Freundschaft auch Nutzen im Gefolge.

15. Man wird also auf Leute, die im Genussleben dahinschwimmen, nicht hören dürfen, wenn sie da einmal über die Freundschaft sprechen, von der sie doch weder im Reden noch im Tun einen Begriff haben, denn – Götter und Menschen seien meine Zeugen – wer will denn schon unter der Bedingung, dass er selbst keinen liebt noch von jemand geliebt wird, in größtem Überfluss und Schwelgerei leben? So nämlich sieht ja das Leben der Tyrannen aus, in dem es keine Treue, keine Liebe, kein Vertrauen auf eine unerschütterliche Zuneigung geben kann, wo es überall nur Verdacht und argwöhnische Unruhe gibt und keinen Platz für die Freundschaft. Denn wer könnte einen lieben, den er fürchten muss, oder einen, von dem er sich gefürchtet weiß? Man bemüht sich zwar auch um sie, allerdings nur zum Schein und nur eine bestimmte Zeitlang. Wenn sie dann, wie es meist geschieht, gestürzt worden sind, dann sieht man erst, wie sehr ihnen Freunde fehlten. Tarquinius soll gesagt haben, erst jetzt, in der Verbannung, habe er erkannt, an welchen Männern er treue, an welchen er un-

treue Freunde besessen habe, jetzt, da er es keinem von ihnen mehr vergelten könne. Ich wundere mich freilich, wie er bei seinem berüchtigten Hochmut und seinem schroffen Wesen überhaupt jemand zum Freund haben konnte. Denn wie er, von dem ich eben sprach, sich bei seinem Charakter keine wahren Freunde gewinnen konnte, so schließt bei vielen, die übermächtig sind, ihre Machtstellung treue Freundschaften geradezu aus. Fortuna ist nämlich nicht nur selbst blind; sie macht auch zumeist die zu Blinden, die sie in ihre Arme geschlossen hat. So überheben sie sich in der Regel in Hochmut und Starrsinn, und es kann nichts Unerträglicheres geben als solch einen, der töricht auf sein Glück pocht. Und man kann auch erleben, dass Männer, die früher durchaus umgänglich waren, durch Befehlsgewalt, Macht und Erfolg geradezu umgewandelt werden, so dass sie ihre alten Freunde verachten und neuen ihre Gunst schenken. Was ist aber törichter, als wenn einer, dem aufgrund von Reichtum, Geld und Macht alles offensteht, nun alles Übrige erwirbt, was für Geld zu haben ist: Pferde, Diener, prächtige Kleidung, kostbare Gefäße – sich aber keine Freunde erwirbt, den, wenn ich so sagen darf, allerbesten und schönsten Hausrat fürs Leben. Wer sich nämlich die anderen Dinge anschafft, der weiß letztlich nicht, für wen er es tut und für wen er sich abmüht. Denn alle diese Güter gehören ja am Ende dem, der die Oberhand hat. Freunde aber bleiben für einen jeden ein beständiges und sicheres Besitztum. Und selbst wenn die erwähnten Güter, die sozusagen Geschenke der Fortuna sind, uns erhalten bleiben, dann kann ein Leben, ganz öde und verlassen von Freunden, uns keine Freude machen. So viel nun hierzu.

16. Es gilt nun noch genau zu bestimmen, welches die Grenzlinien der Freundschaft sind und gewissermaßen die Marksteine, die wir zu setzen haben. Hierüber werden, wie ich sehe, drei verschiedene Auffassungen vertreten, von denen ich freilich keine billigen kann. Die eine möchte, dass wir gegen den Freund ebenso gesinnt sein sollen wie gegen uns selbst; die zweite besagt, unser Wohlwollen gegenüber dem Freund soll dem gegen uns gleich sein und genau entsprechen, die dritte meint, dass jeder von den Freunden so hoch geschätzt werden soll, wie er selbst sich einschätzt. Von diesen drei Auffassungen kann ich durchaus keiner zustimmen. Die erste, nämlich dass jeder so gegen den anderen gesinnt sein soll wie gegen sich selbst, entspricht nicht der Wirklichkeit. Wie vieles tun wir doch den Freunden zuliebe, das wir für uns niemals tun würden: einen Unwürdigen bitten, ihn demütig anflehen, dann wieder einen scharf anfahren und ihm recht heftig zusetzen, Dinge, die in eigener Sache uns nicht gerade zur Ehre gereichen würden, für Freunde aber höchst ehrenvoll sind. Und so gibt es viele Lebenslagen, in denen gutgesinnte Menschen ihren eigenen Vorteil vielfach zurückstellen und Nachteile hinnehmen: Sie wollen die Vorteile dabei lieber ihren Freunden als sich selbst zugutekommen lassen.

Die zweite Meinung beschränkt Freundschaft auf ein gleiches Maß an Dienstleistungen und gutem Willen auf beiden Seiten. Das heißt doch wahrlich die Freundschaft einer gar zu kümmerlichen und kleinlichen Berechnung zu unterwerfen, damit nur ja die Rechnung von Einnahmen und Ausgaben glatt aufgeht. Reicher und großzügiger scheint mir wahre Freundschaft zu sein, nicht engherzig darauf bedacht, nicht mehr auszugeben als einzunehmen.

Man braucht sich doch keine Sorgen zu machen, dass etwas verloren geht, verschüttet wird oder dass man mehr als billig in die Freundschaft investiert hat.

Die dritte Grenzbestimmung vollends kommt ganz und gar nicht in Frage: Jeder solle von seinen Freunden so eingeschätzt werden, wie er sich selbst achtet. Mancher ist doch oftmals zu verzagt oder hat keine rechte Hoffnung mehr auf eine Besserung seiner Lage. Da ist es ganz und gar nicht die Art eines Freundes, so gegen ihn eingestellt zu sein wie er selbst; vielmehr soll er nach Kräften dahin wirken, den Freund in seiner Niedergeschlagenheit aufzurichten und ihm zu einer hoffnungsvolleren Stimmung und einer besseren Meinung von sich selbst zu verhelfen.

Anders wird man also die Grenzen wahrer Freundschaft festsetzen müssen. Zuvor will ich euch aber noch sagen, was Scipio gewöhnlich am meisten kritisierte. Er sagte, die feindlichste Äußerung über die Freundschaft sei doch die Behauptung des Mannes, der gesagt habe, man müsse so lieben, wie wenn man einmal hassen würde. Scipio sagte auch, er lasse sich nie und nimmer davon überzeugen, dieses Wort stamme von Bias, der als einer der Sieben Weisen gelte. So denke doch nur ein ganz minderwertiger Mensch, ein Ehrgeizling oder einer, der alles nur im Blick auf seine eigene Machtposition sieht. Wie soll denn einer demjenigen ein Freund sein, von dem er sich vorstellt, er könne auch dessen Feind sein! Ja er müsste dann sogar sehnlich wünschen, dass der Freund sich möglichst oft etwas zuschulden kommen lässt, um ihm selbst sozusagen desto mehr Anhaltspunkte zu bieten, ihn festzunageln. Umgekehrt wird er zwangsläufig über rechtes Handeln und Erfolg der Freunde Ärger, Verbitterung und Neid empfinden.

Deshalb ist diese Vorschrift, von wem sie auch sei, geeignet, die Freundschaft zu zerstören. Der Grundsatz hätte eher so lauten müssen: Wir sollten bei der Wahl von Freunden solche Sorgfalt anwenden, dass wir zu Anfang niemals einen lieben, den wir später einmal hassen müssten. Ja wenn wir in unserer Wahl weniger glücklich gewesen seien, so müsse man das eher hinnehmen, meinte Scipio, anstatt nach einer Gelegenheit zum Beginn einer offenen Feindschaft Ausschau zu halten.

17. An folgende Grenzziehung haben wir uns also meiner Meinung nach zu halten: Unter Freunden soll, wenn ihre sittliche Haltung ohne Tadel ist, in allen Angelegenheiten, Plänen und Vorhaben ausnahmslos Gemeinsamkeit bestehen. Denn wenn es durch irgendeinen Zufall so weit käme, dass einmal weniger berechtigte Wünsche von Freunden unsere Unterstützung brauchten, wobei es um ihre Existenz oder um ihren Ruf geht, dann müssen wir auch einmal vom rechten Weg abweichen. Nur dürfen sich daraus keine höchst ehrenrührigen Folgen ergeben.[21] Es ist bis zu einem gewissen Punkt vertretbar, der Freundschaft Konzessionen zu machen. Dabei darf man einerseits nicht seinen guten Ruf außer Acht lassen, man sollte aber andererseits auch das Wohlwollen seiner Mitbürger als Einsatzmittel in der Politik nicht unterschätzen. Dieses Wohlwollen durch Schmeichelei und Liebedienerei zu gewinnen wäre ehrenrührig. Tüchtigkeit aber, die uns Sympathie einträgt, darf man durchaus nicht verschmähen.

Doch Scipio – ich muss immer wieder auf ihn zurückkommen, sein Gespräch über die Freundschaft liegt ja meinen Ausführungen zugrunde –, Scipio also klagte öfters darüber, die Menschen verhielten sich in allen möglichen anderen Dingen gewissenhafter: Wie viele Ziegen und Schafe einer hat, das weiß jeder genau, wie viele Freunde aber, das kann er nicht sagen. Bei der Anschaffung der genannten Tiere treffen sie genaue Vorsorge; um die rechte Auswahl ihrer Freunde aber kümmern sie sich wenig, und sie haben sozusagen keine Unterscheidungsmerkmale, nach denen sie beurteilen könnten, wer zur Freundschaft geeignet sei. Es müssen also Personen ausgewählt werden von festem, unerschütterlichem und zuverlässigem Charakter; an dieser Sorte Menschen aber herrscht großer Mangel. Auch ist es sicher schwierig, ohne vorherige Erprobung ein Urteil abzugeben, dieses kann aber erst im Lauf der Freundschaft erfolgen. So geht die Freundschaft der Beurteilung voraus und schließt die Möglichkeit einer vorherigen Erprobung aus.

Es ist also klug, den Drang freundschaftlicher Zuneigung erst einmal zurückzuhalten, wie man die Pferde vor einem Wagen zurückhält, um von der Freundschaft wie von einem Gespann erst nach vorheriger Erprobung Gebrauch zu machen, nämlich wenn wir den Charakter der Freunde einigermaßen auf die Probe gestellt haben. Manche kann man oft schon bei einer kleinen Geldsumme in ihrer Leichtfertigkeit durchschauen, andere wieder, die sich von einer kleinen Summe nicht beeinflussen ließen, lernt man bei einer großen kennen. Wenn sich aber doch einige finden, die es für niederträchtig halten, Geld der Freundschaft vorzuziehen – wo werden wir die ausfindig machen, die Ehrenstellen, Ämter, höchste Befehlsgewalt, Machtbefugnisse und politischen Einfluss nicht für wichtiger halten als die Freundschaft? Und wenn ihnen auf der einen Seite diese Dinge, auf der anderen der Anspruch der Freundschaft vor Augen gestellt würde – hätten sie da nicht viel lieber doch das Erstere? Schwach ist unsere Natur, wenn es gilt, die Macht zu verachten! Und wenn man sie unter Missachtung der Freundschaft erlangt hat, geht man davon aus, der Verrat an der Freundschaft werde vom Schleier des Vergessens bedeckt werden, schließlich habe man sie ja nicht ohne einen triftigen Grund außer Acht gelassen.

So erklärt es sich, dass man wahre Freundschaft nur schwer bei Männern antrifft, die hohe Ämter innehaben oder überhaupt im öffentlichen Leben stehen. Denn wo findet sich wohl der Mann, der unter diesen Umständen dem Freund das Ehrenamt eher gönnt als sich selber? Ferner – um davon gar nicht zu reden: Wie drückend, wie lästig erscheint es doch den meisten, am Unglück mitzutragen! Es sind nicht leicht Menschen zu finden, die sich darauf einlassen. Ennius sagt zwar ganz richtig:

»Den sicheren Freund erkennt man in unsicherer Lage«;[22]

es sind aber eben diese beiden Fälle, in denen sich die meisten Menschen in ihrer Unzuverlässigkeit und Schwäche offenbaren: wenn sie entweder in ihrem eigenen Glück den Freund geringschätzig behandeln oder ihn in seinem Unglück im Stich lassen.

Wer sich nun in beiden Situationen als Freund ernst und besonnen, standhaft und zuverlässig erweist, den müssen wir zu einer besonders seltenen, ja beinahe göttlichen Klasse von Menschen rechnen.

18. Der Grundpfeiler einer solchen Beständigkeit und Festigkeit, wie wir sie in der Freundschaft suchen, ist die Treue, denn es gibt keine Beständigkeit, wo die Treue fehlt.

Weiterhin ist es ratsam, einen aufrichtigen, umgänglichen und gleichgesinnten Menschen auszuwählen, das heißt einen, der für die gleichen Eindrücke empfänglich ist, denn alle diese Eigenschaften gehören zur Treue. Sowenig ein wankelmütiger und durchtriebener Mensch treu sein kann, so wenig kann auch einer, der nicht für die gleichen Eindrücke empfänglich und von seiner Natur her mit uns im Einklang ist, treu oder zuverlässig sein. Man muss noch hinzufügen, dass dieser Freund keine Freude daran haben darf, Beschuldigungen vorzubringen oder vorgebrachten zu glauben; das gehört alles zu dem, worüber ich schon eine ganze Weile spreche, nämlich zur Charakterfestigkeit. So erweist sich denn als wahr, was ich zu Anfang sagte: Freundschaft kann nur unter Guten bestehen. Denn nur ein sittlich guter Mensch, den wir auch einen Weisen nennen mögen, hält an diesen beiden Grundsätzen in der Freundschaft fest. Erstens: Es darf keine Verstellung und Heuchelei geben; selbst in der Feindschaft ist es anständiger, wenn man offen ist, als wenn man seine wahre Gesinnung hinter einer freundlichen Miene verbirgt. Zweitens: Man soll nicht nur Beschuldigungen zurückweisen, die einem von irgendwoher zugetragen werden, sondern auch selbst nicht misstrauisch sein, in dem ständigen Argwohn, der Freund habe sich irgendetwas gegen seine Freundespflicht zuschulden kommen lassen. Außerdem soll noch etwas hinzukommen: eine gewisse Liebenswürdigkeit in der Unterhaltung und im ganzen Wesen, eine durchaus nicht geringe Würze der Freundschaft. Ein ernstes und stets strenges Wesen wirkt zwar würdig; indessen sollte man sich unter Freunden doch eher ungezwungen, frei und herzlich geben und stets zu Freundlichkeit und Gefälligkeit geneigt sein.

19. Es tritt nun aber an diesem Punkt noch die folgende heikle Frage auf, ob nicht bisweilen neue Freunde, die unserer Freundschaft wert sind, den alten vorzuziehen seien – so wie wir älteren Pferden gewöhnlich junge kräftige vorziehen. Solche Bedenken sind absolut menschenunwürdig! Denn in der Freundschaft darf es nicht wie in anderen Dingen eine Übersättigung geben; gerade die ältesten Freundschaften müssen – wie die Weine, die sich bei einer langen Lagerung gehalten haben – auch die angenehmsten sein, und das Sprichwort ist wahr, dass man viele Scheffel Salz miteinander essen muss, bis die Freundschaft ihre Bewährungsprobe bestanden hat. Neue Freundschaften sind freilich auch nicht zu verschmähen, wenn man nur die Hoffnung auf sie setzen kann, dass sie wie eine junge Saat auch zuverlässig aufgehen werden. Doch müssen alte Freundschaften ihren gebührenden Platz behalten, denn das Alte und Gewohnte übt starken Einfluss auf uns aus. Schon beim Pferd, das ich vorhin erwähnte, ist es ja so, dass jeder von uns, wenn uns nichts davon abhält, lieber das reitet, das er gewohnt ist, als ein noch nicht fertig zugerittenes neues. Und nicht nur beim Belebten, auch beim Unbelebten wirkt die Macht der Gewohnheit: Wir haben Freude an bestimmten Gegenden, sogar an bergigen und waldreichen, wenn wir uns nur länger dort aufgehalten haben.

Ganz wichtig ist es ferner, sich in der Freundschaft mit einem Rangniederen auf die gleiche Stufe zu stellen. Es gibt ja oft Persönlichkeiten, die die anderen überragen, so wie Scipio in unserem Verein, um diesen Ausdruck zu gebrauchen. Niemals stellte er sich über Philus, nie über Rupilius oder Mummius, niemals über Freunde von geringerem Stand. Den Quintus [Fabius] Maximus aber, seinen Bruder, einen durchaus hervorragenden, ihm aber keinesfalls ebenbürtigen Mann, ehrte er, nur weil er der Ältere war, wie einen Höherstehenden; auch wollte er, dass all die Seinen durch ihn zu höherem Ansehen kämen. Das sollten alle tun und sich darin an ihm ein Beispiel nehmen. Wenn sie mit ihrer Tüchtigkeit, ihrem Talent und ihrem Glück eine Vorzugsstellung erlangt haben, dann sollen sie das ihren Angehörigen zugutekommen lassen und den Menschen in ihrer Umgebung daran Anteil geben. Dann können sie, wenn sie von Eltern niederen Standes stammen, wenn sie Verwandte haben, die mit weniger Talent und weniger Glücksgütern gesegnet sind, deren Vermögensverhältnisse aufbessern und ihnen Ehre und Ansehen verschaffen. So finden wir es auch in Sagen und Theaterstücken: Da gibt es Personen, die eine Zeitlang in dienender Stellung lebten, weil man ihre Herkunft und Abstammung nicht kannte, und auch nachdem sie entdeckt und sich als Götter- oder Königssöhne entpuppt haben, bewahren sie dennoch ihre Liebe zu den Hirten, die sie jahrelang für ihre Eltern hielten.[23] Das muss man aber in noch weit höherem Maße seinen wirklichen Eltern gegenüber tun. Denn von seiner Geisteskraft, seiner Tüchtigkeit und überhaupt von jedem Vorzug erntet man dann die reifsten Früchte, wenn man ihn mit seinen Nächsten teilt.

20. Einerseits sollen also Männer, die in einem engen Freundschafts- und Verwandtschaftsverhältnis einen höheren Rang einnehmen, sich mit den Niederen auf eine Stufe stellen. Andererseits sollen sich die Niedrigeren nicht gekränkt fühlen, wenn sie von Personen aus ihrem Kreis an Geist, Glück oder Ansehen überragt werden. Freilich gibt es recht viele, die sich ständig beschweren oder sich sogar

in Vorwürfen ergehen, und das umso mehr, wenn sie glauben, Fälle anführen zu können, wo sie, sogar mit eigener Anstrengung, Gefälligkeiten und Freundschaftsdienste geleistet hätten. Eine ärgerliche Sorte von Menschen, die anderen ihre Dienste zum Vorwurf machen. Daran soll doch nur der denken, dem diese Dienste geleistet worden sind; wer sie geleistet hat, der darf sie dem anderen nicht ständig vor Augen halten.

Es haben also einerseits Höherstehende als Freunde die Pflicht, eine Stufe herunterzusteigen. Auf der anderen Seite sollen sich die Niederen gewissermaßen in die Höhe heben. Es gibt ja Leute, die sich selbst jede Freundschaft verderben, indem sie sich missachtet fühlen – was freilich fast nur bei denen vorkommt, die selbst davon überzeugt sind, dass sie eine solche Geringschätzung verdienen. Die sollte man von ihren Minderwertigkeitsgefühlen nicht nur mit Worten, sondern mit tätiger Hilfe kurieren.

Du darfst aber einem jeden nur so viel zukommen lassen, dass es zum einen deine Kräfte nicht übersteigt, und zum andern, dass der, den du liebst und unterstützen möchtest, damit auch nicht überfordert ist. Du kannst nämlich nicht – auch wenn du eine noch so hervorragende Persönlichkeit bist – all deine Freunde in höchste Stellen befördern. So konnte Scipio den Publius Rupilius zum Konsul machen, dessen Bruder Lucius aber nicht. Wenn du dem andern auch jedes beliebige Amt verschaffen könntest, müsstest du doch dabei berücksichtigen, wie viel er leisten kann. Überhaupt darf man über Freundschaften erst urteilen, wenn die Charaktere im Lauf der Jahre die gehörige Reife und Festigkeit erreicht haben. Wer etwa in der Jugend Freude an der Jagd und am Ballspiel hatte, braucht später nicht diejenigen zu nahen Vertrauten zu haben, die er damals gern mochte, weil sie seine Interessen teilten. Nach solchem Maßstab müssten ja die Ammen und Erzieher mit dem Vorrecht des Alters unsere meiste Zuneigung für sich beanspruchen; man darf sie zwar nicht vernachlässigen, aber ihre Wertschätzung geht doch von ganz anderen Maßstäben aus. Anders können Freundschaften nicht Bestand und Dauer haben. Ist der Charakter verschieden, sind es folgerichtig auch die Interessen, und diese fehlende Übereinstimmung führt zum Ende der Freundschaften. Das ist der Grund, weshalb Gute nicht mit Schlechten, Schlechte nicht mit Guten befreundet sein können: weil nämlich zwischen ihnen der denkbar größte Abstand in Charakter und Neigungen besteht.

Mit Recht kann auch das als Regel für die Freundschaft gelten: Es soll kein Übermaß an Zuneigung die Freunde bei wichtigen vorteilhaften Unternehmungen behindern, wie das recht oft vorkommt. So hätte ja Neoptolemos – um zur Sagenwelt zurückzukehren – Troia niemals einnehmen können, wenn er auf Lykomedes, bei dem er aufgezogen worden war, hätte hören wollen, als dieser ihn unter heißen Tränen von seinem Zug abbringen wollte. Es treten auch oft bedeutsame Ereignisse ein, so dass man sich von den Freunden trennen muss. Wer sich da hindernd in den Weg stellt, weil er angeblich vor trauernder Sehnsucht umkommt, der ist eine schwächliche und weichliche Natur und wird gerade aus diesem Grund einer Freundschaft zu wenig gerecht. Und so ist in jedem Fall gründlich zu erwägen, was du von deinem Freund fordern kannst und was du dir selbst dabei zumuten willst.

21. Allerdings kann man bisweilen auch in die unan-

genehme Lage kommen, Freundschaften ganz aufgeben zu müssen. Ich komme ja in meinem Vortrag von den Freundschaften der Weisen schon eine Stufe tiefer zu denen der Durchschnittsmenschen. Es treten da häufig Fehler an Freunden zutage, die sich bald gegen Freunde selbst, bald gegen Außenstehende richten, aber auch dann fällt Schimpf und Schande auf die Freunde zurück. Solche Freundschaften also sind durch Einschränkung im Umgang allmählich zu beenden und, wie ich Cato sagen hörte, mehr langsam aufzutrennen als zu zerreißen, es müsste denn ein ganz unerträgliches Unrecht sozusagen wie ein plötzliches Feuer ausgebrochen sein, so dass es weder recht noch ehrenhaft noch überhaupt möglich wäre, nicht umgehend einen Bruch und eine Trennung herbeizuführen. Wenn aber im Charakter oder in den Interessen ein Wandel eintritt, wie das ja durchaus vorkommt, oder wenn innerhalb der politischen Parteiungen eine Zwistigkeit entsteht – ich spreche ja nun, wie vorher schon erwähnt, nicht mehr von den Freundschaften der Weisen, sondern denen der Durchschnittsmenschen –, dann muss man den Eindruck vermeiden, man habe nicht nur eine Freundschaft aufgelöst, sondern zugleich eine Feindschaft begonnen. Nichts ist so hässlich, wie mit dem eine Fehde zu führen, mit dem man in vertrautem Umgang gelebt hat. Von der Freundschaft mit Quintus Pompeius [Nepos] hatte sich Scipio, wie ihr wisst, um meinetwillen zurückgezogen, einer politischen Meinungsverschiedenheit wegen entfremdete er sich von unserem Kollegen Metellus. In beiden Fällen handelte er würdig, ohne dass sein persönliches Ansehen und seine Verstimmung dabei kränkend gewirkt hätten. Deshalb muss man sich von vornherein Mühe geben, dass es unter Freunden kein böses Blut gibt; wenn es aber doch so weit kommt, dann soll man dafür sorgen, dass die Freundschaft eher allmählich erloschen als jäh erstickt zu sein scheint. Aufpassen muss man freilich, dass sich Freundschaft nicht in schwere Feindschaft verkehrt, woraus dann Zänkereien, Beschimpfungen und Beleidigungen entstehen. Doch muss man das, solange es erträglich ist, hinnehmen, aber der alten Freundschaft noch so weit die Ehre geben, dass der Beleidiger, nicht der Beleidigte als Schuldiger dasteht.

Überhaupt gibt es bei all diesen Fehlern und Unannehmlichkeiten nur eine Art der Absicherung und eine Art der Vorbeugung: Man darf seine Zuneigung nicht überstürzt vergeben und nicht an Unwürdige. Würdig der Freundschaft aber sind die, deren Persönlichkeit der Grund dafür ist, dass man sie liebt. Eine seltene Gattung! Zwar ist alles Vortreffliche selten, und nichts ist schwieriger, als etwas zu finden, das in jeder Hinsicht in seiner Art vollendet wäre. Doch die meisten kennen in den menschlichen Beziehungen nichts Gutes, außer was Gewinn bringt, und so sind ihnen von ihren Freunden, gerade so wie bei ihrem Vieh, die am liebsten, von denen sie sich den größten Gewinn erhoffen. So bleibt ihnen die schönste, im wahrsten Sinne naturgemäße Art der Freundschaft versagt, die an sich und um ihrer selbst willen erstrebt wird. Und sie können die wahre Kraft der Freundschaft und ihre Wirkung nicht beispielhaft an sich selbst erfahren. Jeder liebt ja sich selbst, nicht etwa, um von sich irgendeinen Lohn für seine Liebe einzufordern, sondern weil eben ein jeder sich selbst von Natur aus teuer ist. Wenn man das Gleiche nicht auf die Freundschaft überträgt, wird man niemals einen wahren Freund finden, denn dieser ist gleichsam unser zweites Ich.

Es zeigt sich ja schon bei Tieren – ob sie Flügel haben, schwimmen oder auf dem Land leben, gezähmt oder wild sind –, dass sie sich erstens selbst lieben – dieser Trieb entsteht ja bei jedem Lebewesen mit seiner Geburt –, sodann dass sie nach Wesen von der gleichen Art suchen und bestrebt sind, sich an sie anzuschließen, und sie tun das mit Verlangen und einem der menschlichen Liebe ähnlichen Gefühl. Um wie viel mehr geschieht das erst beim Menschen, seiner Natur gemäß, der sowohl sich selbst liebt als auch mit Eifer nach einem anderen sucht, um dessen Wesen so mit dem seinen zu verschmelzen, dass er geradezu aus beiden eines macht.

22. Doch die meisten wollen auf eine verkehrte, um nicht zu sagen unverfrorene Art ihren Freund so haben, wie sie selbst nicht sein können, und was sie selbst ihren Freunden gegenüber nicht leisten, das verlangen sie von ihnen. Es gehört sich aber, zunächst einmal selbst ein anständiger Mensch zu sein und dann nach einem anderen zu suchen, der uns ähnlich ist. Nur unter solchen Menschen kann sich jene beständige Freundschaft festigen und halten, mit der wir uns nun schon eine ganze Weile beschäftigen: wenn es nämlich Menschen sind, die, in Zuneigung verbunden, zuerst ihre Leidenschaften beherrschen, denen die übrigen frönen, dann Freude an dem haben, was recht und billig ist, die alles für den anderen auf sich nehmen und bei denen keiner je vom anderen etwas fordert, was nicht anständig und recht ist, die nicht nur äußere Zuneigung und Achtung an den Tag legen, sondern auch Respekt voreinander haben. Denn der beraubt die Freundschaft ihrer

höchsten Zierde, wer ihr das gegenseitige Respektieren nimmt. Daher befinden sich diejenigen in einem verhängnisvollen Irrtum, die glauben, in der Freundschaft für alle Gelüste und Verfehlungen freie Bahn zu haben. Als Helferin der Tugend ist uns die Freundschaft von der Natur gegeben, nicht als Genossin der Laster. Da die Tugend für sich allein nicht zum höchsten Ziel gelangen kann, soll sie gemeinsam und verbunden mit der Tugend eines anderen dorthin kommen.[24] Und wo eine solche Gemeinschaft unter Menschen besteht, bestanden hat oder bestehen wird, da ist es für sie das beste und glücklichste Geleit zur höchsten Vollendung ihrer Natur. Dies ist, sage ich, die Gemeinschaft, die alles in sich schließt, was Menschen für erstrebenswert erachten: Ehre, Ruhm, innere Ruhe und Heiterkeit des Gemüts. Wo wir diese Güter finden, da ist das Leben glücklich, ohne sie kann es das nicht sein. Da ein glückliches Leben unser höchstes und schönstes Ziel ist, müssen wir uns, wenn wir es erreichen wollen, um die Tugend bemühen, ohne die wir weder Freundschaft noch überhaupt ein anderes erstrebenswertes Gut erlangen können. Wer sich aber um sie nicht kümmert und dennoch Freunde zu besitzen meint, der wird erst dann seinen Irrtum einsehen, wenn ihn irgendein Schicksalsschlag zwingt, seine Freunde auf die Probe zu stellen. Und ebendarum muss man – ich betone es immer wieder – erst prüfen, dann lieben und nicht jemanden erst dann prüfen, wenn man ihn schon liebgewonnen hat. Wie wir in vielen anderen Fällen für unsere Nachlässigkeit büßen müssen, so ganz besonders bei der Wahl und der richtigen Behandlung unserer Freunde. Wir stellen nämlich unsere Überlegungen erst hinterher an und wollen Geschehenes ungeschehen machen, was uns ein altes Sprichwort verbietet.[25] Wenn wir beiderseits schon gebunden sind durch längeren vertrauten Umgang oder gar durch gegenseitige Dienstleistungen, brechen wir dann plötzlich mitten in der Bahn die Freundschaft ab, nur weil es irgendeinen Verdruss gegeben hat.

23. Ein derartiges leichtfertiges Verhalten ist umso mehr zu tadeln, da es sich hier um etwas ungemein Wichtiges und Unentbehrliches handelt. Freundschaft ist nämlich das einzige der menschlichen Güter, über dessen Nutzen sich alle einig sind. Selbst über die Tugend urteilen viele geringschätzig und meinen, es gehe dabei nur um eine Art von Großtun und Selbstdarstellung. Viele wieder verachten den Reichtum, da sie sich mit wenigem begnügen und an einfacher Kost und Lebenshaltung Gefallen haben. Ehrenämter gar, um die manche mit brennendem Eifer bemüht sind – wie viele verachten sie in solchem Maß, dass sie nichts für so wertlos, so unbedeutend halten! Und ebenso ist es mit anderen Dingen, die manchem bewundernswert erscheinen: Da gibt es viele, die sich gar nichts daraus machen. Über die Freundschaft aber denken alle ohne Ausnahme das Gleiche: Wer sich der öffentlichen Tätigkeit widmet oder wer an wissenschaftlicher Erkenntnis seine Freude hat und wer frei von Staatsgeschäften seinen eigenen Angelegenheiten nachgeht, schließlich auch wer sich gänzlich dem Genuss hingegeben hat – sie alle sind sich einig, ein Leben ohne Freundschaft sei kein Leben, wenn man nur einigermaßen mit Anstand leben wolle.

Ganz unbemerkt breitet sich ja die Freundschaft in allen Lebensbereichen aus und lässt es einfach nicht zu, dass man sich sein Leben irgendwie ohne sie einrichtet. Ja selbst wenn einer ein so abstoßendes, rohes Wesen hat, dass er das Zusammensein mit Menschen meidet und verabscheut – so soll in Athen ein gewisser Timon gewesen sein –, so könnte selbst der es doch nicht über sich bringen, ohne einen zu sein, bei dem er das Gift seines Menschenhasses ausspritzen könnte. Und dies würde sich am besten beurteilen lassen, wenn Folgendes geschehen könnte: Irgendein Gott würde uns aus der menschlichen Umgebung hier entrücken und uns irgendwohin in die Einsamkeit versetzen, uns dort alles, wonach unsere Menschennatur verlangt, in überreicher Fülle zur Verfügung stellen, aber das alles ohne die Möglichkeit, einen anderen Menschen auch nur zu sehen. Wer wäre da so eisenhart, dass er dieses Leben ertragen könnte und dass ihm das Alleinsein nicht die Freude an allen Genüssen raubte?

Es ist also ein wahres Wort, das Archytas aus Tarent – er war es doch, wie ich annehme – oft gebrauchte, wie ich es von unseren Alten gehört habe, die es wieder von anderen alten Männern vernommen haben: »Wenn einer in den Himmel hinaufstiege und das Wesen des Weltalls und die Schönheit der Gestirne schaute, so wäre doch dieser wundersame Anblick für ihn ohne Reiz. Es wäre für ihn aber die größte Freude gewesen, wenn er jemand gehabt hätte, mit dem er hätte darüber reden können.« So liebt die menschliche Natur kein Alleinsein, sondern sucht immer eine Stütze, um sich anzulehnen. Und diese in einer innig vertrauten Seele zu finden ist das Erfreulichste überhaupt.

24. Aber obwohl unsere Natur durch so viel Zeichen zu erkennen gibt, was sie möchte, was sie sucht und begehrt, sind wir doch unbegreiflicherweise taub dafür und hören nicht auf ihre Mahnungen. Der Umgang mit Freunden

bringt ja allerlei Wechsel und Veränderungen mit sich; es bieten sich zahlreiche Anlässe zu Argwohn und Verdruss, die der Weise bald vermeiden, bald mildern, bald ertragen wird. Eines darf keinen Anstoß erregen, damit die Vorteile wie auch Treu und Glauben in der Freundschaft erhalten bleiben: Freunde müssen öfters ermahnt und auch zurechtgewiesen werden, und das hat man freundschaftlich hinzunehmen, wenn es in wohlwollender Absicht geschieht. Doch leider ist es wahr, was mein Freund in seinem *Mädchen von Andros* sagt:[26]

»Nachgiebigkeit schafft Freunde, Wahrheit Hasser.«

Unangenehm ist die Wahrheit, zumal wenn aus ihr Hass entsteht, ein wahres Gift für die Freundschaft, doch Nachgiebigkeit ist noch unangenehmer, weil sie durch Nachsicht mit Verfehlungen den Freund in sein Unglück rennen lässt. Die meiste Schuld aber liegt bei dem, der zuerst die Wahrheit nicht hören will und sich dann durch die Nachgiebigkeit zum Selbstbetrug verleiten lässt. In dieser Situation muss man also Rücksicht nehmen und Sorgfalt walten lassen – zunächst dass die Mahnung ohne verletzende Schroffheit, der Tadel ohne Beleidigung erfolgt; der Nachgiebigkeit indessen »stehe Freundlichkeit helfend zur Seite« – ich gebrauche nun einmal gern ein Wort des Terenz –, Liebedienerei aber, die Helfershelferin der Laster, jagen wir weit fort; sie ist nicht bloß eines Freundes, sondern überhaupt eines freien Menschen unwürdig. Anders lebt man ja mit einem Tyrannen, anders mit einem Freund.

Wer sein Ohr aber für die Wahrheit verschlossen hat, so dass er von seinem Freund kein wahres Wort vernehmen will, dem ist nicht zu helfen. Es ist nämlich ein treffender Ausspruch von Cato – wie so viele von ihm: »Um manche machen sich ihre grimmigen Feinde mehr verdient als ihre scheinbar so lieben Freunde.« Die einen sagen oftmals die Wahrheit, die anderen nie. Auch ist es widersinnig, wenn Leute, die ermahnt werden, nicht daran Unbehagen empfinden, was ihnen unangenehm sein müsste, sondern daran, was sie hinnehmen müssten. Ihre Verfehlung macht ihnen nämlich gar nichts aus, den Tadel aber nehmen sie übel. Das Gegenteil wäre in Ordnung: Sie sollten über ihr Vergehen betrübt und über die Zurechtweisung froh sein.

25. Zu einer echten Freundschaft gehört es also, zu ermahnen und sich ermahnen zu lassen. Das eine muss man freimütig tun, aber nicht verletzend, das andere gilt es geduldig hinzunehmen, ohne Widerstreben. Man muss sich aber auch bewusst sein, dass es in der Freundschaft kein schlimmeres Gift gibt als Kriecherei, Schmeicheln und Liebedienerei, man kann gar nicht genug Namen finden, um dieses Laster charakterloser und betrügerischer Menschen anzuprangern, die in allem dem andern nach dem Munde reden, wobei oft kein wahres Wort daran ist. Zwar ist Heuchelei in jedem Fall ein Laster – sie raubt nämlich die klare Sicht auf die Wahrheit und gibt ein falsches Bild –, doch für die Freundschaft ist sie der schlimmste Feind. Sie zerstört die Wahrhaftigkeit, ohne die der Begriff der Freundschaft keine Gültigkeit haben kann. Das Wesen der Freundschaft liegt ja gerade darin, dass mehrere gleichsam ein Herz und eine Seele werden. Wie soll das aber möglich sein, wenn nicht einmal der Einzelne eine einheitliche Gesinnung hat, die stets gleich bleibt, wenn er vielmehr wankelmütig, wet-

terwendisch und unbeständig ist? Was ist denn so windig, so unstet wie einer, der sich nicht nur auf die Gesinnung und Absicht des anderen einstellt, sondern sogar auf seine Miene und auf jeden Wink?

> »Sagt jemand nein, so sage ich nein, sagt er ja, sage ich ja. Kurzum, ich habe es mir zum Gesetz gemacht, immer allem beizustimmen.«

Das sagt wieder Terenz, jedoch in der Rolle des Schmarotzers Gnatho. Solch eine Sorte von Freunden sich nicht vom Leibe zu halten ist sträflicher Leichtsinn.

Es gibt aber viele solche Gnathos, die aufgrund ihrer Herkunft, ihrer Stellung und ihres Rufes höher stehen als er. Deren Liebedienerei ist ärgerlich, da ihr leeres Gerede durch ihr Ansehen Gewicht erhält.

Es lässt sich jedoch mit einiger Vorsicht der schmeichlerische Freund vom wahren sondern und unterscheiden, gerade so wie alles Geschminkte und Nachgemachte vom Echten und Wahren. Eine Volksversammlung, die aus ganz unerfahrenen Leuten besteht, merkt in der Regel doch den Unterschied zwischen einem »Volksfreund«, das heißt einem windigen Mann, der dem Volk nach dem Mund redet, und einem charakterfesten Bürger, der ernst und würdig auftritt. Mit was für Lobhudeleien suchte Gaius Papirius [Carbo] neulich, sich in die Ohren der versammelten Bürger einzuschmeicheln, als er den Gesetzesantrag über die Wiederwahl der Volkstribunen stellte! Ich habe mich dagegen ausgesprochen, doch nichts von mir, ich spreche lieber von Scipio. Wie würdig war seine Rede, bei den unsterblichen Göttern, wie erhaben! Man hätte ihn leicht für den

Führer des römischen Volkes halten können, nicht für seinen Gefolgsmann.[27] Doch ihr wart ja dabei, die Rede ist veröffentlicht worden. Und so kam es damals, dass der volkstümliche Gesetzesantrag durch Volkes Stimme abgelehnt wurde. Um auf mich zurückzukommen: Ihr erinnert euch, wie volkstümlich damals im Konsulatsjahr des Quintus Maximus, Scipios Bruder, und des Lucius Mancinus der Gesetzesantrag des Gaius Licinius Crassus über die Priesterämter wirkte! Das Recht zur Ergänzung der Priesterkollegien sollte nämlich der Gunst des Volkes übertragen werden. Dieser Licinius Crassus hat es als Erster unternommen, beim Reden zum Forum hingewandt mit dem Volk in Verbindung zu treten. Dennoch trug die Ehrfurcht vor den unsterblichen Göttern unter meiner Verteidigung mit Leichtigkeit den Sieg davon über seine sich anbiedernde Rede. Und das geschah, während ich Prätor war, fünf Jahre vor meinem Konsulat. So ist diese Sache eher durch ihr eigenes Gewicht als durch die Autorität des höchsten Amtes verteidigt worden.

26. Wenn sich nun schon auf einem öffentlichen Schauplatz, das heißt in der Volksversammlung, wo Erfindung und Verschleierung größten Spielraum haben, dennoch die Wahrheit durchsetzt, wenn sie nur offen dargelegt und ins rechte Licht gerückt wird, wie muss das dann erst in der Freundschaft sein, in der allein die Wahrhaftigkeit ausschlaggebend ist! Du kannst ja dem Freund, wie man so sagt, nicht ins Herz schauen, während du dein eigenes offen zeigst. Du hast nichts Sicheres in der Hand, was Treue und Zuverlässigkeit angeht, Liebe und Gegenliebe, da du nicht weißt, inwieweit dieses Gefühl aufrichtig ist. Immerhin kann die erwähnte Liebedienerei, so schädlich sie auch

ist, doch nur dem schaden, der sich für sie empfänglich zeigt und an ihr Gefallen findet. So kommt es, dass derjenige am ehesten ein offenes Ohr für Schmeichler hat, der sich gerne selbst lobt und an sich selbst das meiste Gefallen findet.

Allerdings liebt die Tugend auch sich selbst, sie kennt sich ja am besten und weiß, wie liebenswert sie ist. Ich spreche aber jetzt nicht von der wirklichen Tugend, sondern von der Vorstellung, die man sich so von ihr macht. Denn wirklich tugendhaft sein, das wollen nicht so viele; es gibt mehr, die wollen lieber so scheinen als sein. Denen gefällt die Schmeichelei; wenn sich jemand an sie wendet mit einem Sermon, der nach ihren eigenen Wunschvorstellungen erdichtet ist, dann halten sie dieses leere Gerede für ein Zeugnis ihrer ruhmreichen Verdienste. Das ist aber keine Freundschaft, wenn der eine die Wahrheit nicht hören und der andere Lügen auftischen will. Und die Schmeicheleien der Schmarotzer im Theater erschienen uns nicht witzig, wenn's nicht wirklich solche gäbe wie den ruhmredigen Soldaten:

»Es sagt mir Thais also wirklich großen Dank?«[28]

Es wäre genug gewesen zu antworten: »Ja, vielen Dank!« »Ungeheuren«, sagt der andere aber. Stets vergrößert der Schmeichler das, was der, dem er nach dem Munde redet, groß haben will.

Zwar finden solche lügenhaften Schmeicheleien bei denen besonderen Anklang, die von sich aus dazu anlocken und einladen, es gilt aber auch für durchaus ernsthafte und charakterfeste Männer die warnende Mahnung, sich nicht von fein ausgeklügelter Schmeichelei einfangen zu lassen. Wer offen heraus gefällig redet, den erkennt jeder halbwegs Gescheite. Dass aber der gewitzte und versteckte Schmeichler sich nicht einschleicht, dagegen muss man sich mit aller Vorsicht wappnen. Denn der ist gar nicht so leicht zu erkennen, da er seine Liebedienerei sogar durch Widersprechen übt und in scheinbarem Streit seine Schmeicheleien anbringt. Schließlich streckt er dann die Waffen und gibt sich besiegt, damit sich der andere, mit dem er sein Spiel getrieben hat, als der Schlauere vorkommen darf. Sich so zum Narren halten zu lassen, ist doch gar zu schändlich. Damit es erst gar nicht so weit kommt, muss man sich gehörig vorsehen:

> »Du hast mich heute noch mehr als all die alten Narren in der Komödie hin und her gejagt und sauber verulkt!«[29]

Auch in den Theaterstücken spielen ja die unbedachten und leichtgläubigen Greise die einfältigste Rolle. Aber ich weiß nicht wie – mir ist mein Vortrag über die Freundschaft vollkommener, das heißt weiser Menschen – ich meine die Weisheit, die für den Menschen zu erreichen ist – zu einer niedrigen Ebene von Freundschaften abgesunken. Daher wollen wir nochmals zu meinen Hauptgedanken zurückkehren und diese nun endlich zum Abschluss bringen.

27. Die Tugend, die Tugend, sage ich, Gaius Fannius und du, mein Quintus Mucius, sie ist es, die Freundschaften schließt und erhält. In ihr liegt die Harmonie, Beständigkeit und Festigkeit; wo sie zum Vorschein kommt und ihr Licht leuchten lässt und ein gleiches an einem anderen erblickt und erkannt hat, wendet sie sich diesem zu und

nimmt ihrerseits das auf, was im andern ist; daran entzündet sich *amor*, Liebe, beziehungsweise *amicitia*, Freundschaft. Beide Worte sind nämlich von *amare* abgeleitet, *amare* aber bedeutet nichts anderes als einen Menschen zu erwählen, den man liebt, ganz ohne ihn nötig zu haben, ohne einen Vorteil zu suchen: Dieser erblüht jedoch von selbst aus der Freundschaft, auch wenn du ihn nicht eigens gesucht hast.

Mit diesem Gefühl der Zuneigung haben wir in unserer Jugend jene älteren Männer geliebt: den Lucius Paulus, Marcus Cato, Gaius Galus, Publius Nasica [Corculum], Tiberius Gracchus, den Schwiegervater unseres Scipio. Noch mehr Leuchtkraft hat ein solches Gefühl unter Gleichaltrigen, wie zwischen mir und Scipio, Lucius Furius [Philus], Publius Rupilius und Spurius Mummius. Andererseits finden wir in unserem Alter Freude und Befriedigung in der Liebe jüngerer Leute, zum Beispiel von euch und Quintus Tubero. Ich selbst freue mich auch an dem vertrauten Umgang mit dem noch jungen Publius Rutilius und Aulus Verginius. Weil nun aber unser Leben und unsere Natur so eingerichtet sind, dass immer eine Generation die andere ablöst, so wäre es allerdings höchst wünschenswert, dass man mit seinen Altersgenossen, mit denen man gleichsam aus den Schranken gelassen wurde, auch, wie man so sagt, die Ziellinie erreicht.

Doch da alles Menschliche vergänglich und hinfällig ist, sind wir notwendigerweise immer auf der Suche nach Menschen, die wir lieben und von denen wir geliebt werden können. Fehlen Liebe und Zuneigung, fehlt nämlich alles Erfreuliche im Leben. Für mich lebt Scipio noch, obwohl er so plötzlich dahingerafft wurde – und er wird für mich immer leben, ich habe an ihm seine Tugend geliebt, und ihr Licht ist nicht erloschen. Nicht nur mir allein steht sie vor Augen, der ich sie immer gegenwärtig hatte, auch unsere Nachkommen werden ein klares und deutliches Bild von ihr haben.

Keiner, der jemals etwas Bedeutendes erhofft oder unternimmt, wird dies tun, ohne sich Scipio in lebendiger Erinnerung als Vorbild vor Augen zu stellen.

Ich jedenfalls habe von allen Gütern, die mir das Glück oder die Natur geschenkt hat, keines, das ich mit der Freundschaft Scipios vergleichen könnte. In ihr fand ich Übereinstimmung in politischen Fragen, Rat in persönlichen Dingen, in ihr auch genussreiche Erholung. Niemals habe ich ihn gekränkt, nicht einmal in der geringsten Kleinigkeit, wenigstens soweit ich es bemerkt habe. Nichts habe ich von ihm gehört, was ich nicht hätte hören mögen. *Ein* Haus hatten wir, die gleiche gemeinsame Lebensweise; nicht nur während des Kriegsdienstes, auch auf unseren Reisen und bei unseren Landaufenthalten waren wir beisammen. Und was soll ich noch sagen von unserem gemeinsamen Bestreben, stets etwas Neues zu erfahren und zu lernen, womit wir, den Augen der Menge entzogen, unsere ganze freie Zeit verbrachten?

Wäre die Erinnerung und das Andenken an diese Dinge nun zugleich mit ihm dahin, dann könnte ich die Sehnsucht nach einem so eng vertrauten und so innig geliebten Mann nie und nimmer ertragen. Doch das alles ist ja nicht ausgelöscht, es wird vielmehr genährt und mehrt sich noch in meinem Zurückdenken und Erinnern. Selbst wenn mir diese Erinnerungen ganz und gar genommen würden, hätte ich doch einen großen Trost an meinem Alter; allzu lange kann ich ja in diesem Zustand trauernder Sehnsucht nicht mehr bleiben. Alles aber, was nur von kurzer Dauer ist, muss zu ertragen sein, auch wenn es weh tut.

Das war es, was ich über die Freundschaft zu sagen hatte. Euch aber mahne ich, die Tugend, ohne die es keine Freundschaft geben kann, so hoch zu schätzen, dass ihr, sie ausgenommen, nichts Wertvolleres habt als die Freundschaft.

Cato der Ältere – Über das Alter

(Cato maior de senectute)

(Cicero an Titus Pomponius Atticus)

1. »Wenn ich, Titus, dir Hilfe bringe und von der Sorge,
Die dich jetzt quält und im Herzen bedrängt, dich erlöse,
Was ist dann mein Lohn?«

Ich darf dich ja mit denselben Versen anreden, mein Atticus, mit denen jener Mann,

»der nicht reich war, doch durchaus treu und verlässlich«,

sich an Flamininus wendet.[30] Zwar weiß ich gewiss, dass nicht wie Flamininus »du dich abhärmst, Titus, Tage und Nächte mit Sorgen«; ich kenne ja deinen Sinn für Maß und Billigkeit und weiß, dass du nicht nur deinen Beinamen, sondern auch echte Lebensklugheit aus Athen mitgebracht hast. Und doch vermute ich, dass dich zuweilen dieselben Dinge bedrücken wie mich selbst;[31] eine Trostschrift darüber aber wäre eine zu anspruchsvolle Aufgabe, die auf einen anderen Zeitpunkt verschoben werden muss. Für diesmal aber hielt ich es für richtig, eine Schrift über das Alter zu verfassen und sie dir zu widmen. Von dieser Last des Alters, das sich uns beiden bereits fühlbar macht oder jedenfalls näher rückt, möchte ich nämlich dich und mich selbst erleichtert sehen. Zwar weiß ich sicher, dass du sie wie alles gelassen und weise trägst und tragen wirst, doch als ich etwas über das Alter schreiben wollte, schienst du mir der würdige Empfänger dieser Gabe, die wir uns beide gemeinsam zunutze machen könnten. Mir jedenfalls war die Abfassung dieses Büchleins so angenehm, dass sie nicht nur sämtliche Beschwerden des Alters vertrieben, sondern es sogar behaglich und angenehm gemacht hat. Niemals wird man also die Philosophie hoch genug preisen können, da man als ihr getreuer Anhänger ja jedes Lebensalter ohne Beschwerde hinbringen kann.

Was aber die übrigen philosophischen Fragen betrifft, so haben wir sie bereits ausgiebig behandelt und werden sie noch oft behandeln; mit diesem Buch habe ich dir eine Schrift über das Alter gewidmet. Die gesamte Darstellung aber habe ich nicht dem Tithonos in den Mund gelegt, wie es Ariston von Keos tat – denn eine Gestalt des Mythos würde doch mit zu wenig Autorität sprechen –, sondern dem Marcus Cato in seinem Greisenalter, um den Worten mehr Gewicht zu verleihen. In seinem Haus lasse ich Laelius und Scipio auftreten und ihrer Bewunderung darüber Ausdruck geben, dass er sein Alter so leicht ertrage, und lasse ihn den beiden antworten. Wenn Cato dir gelehrter zu reden scheint, als er es selbst in seinen Büchern gewöhnlich tut, dann sollst du das der griechischen Literatur zuschreiben, mit der er sich im Alter bekanntlich recht eifrig beschäftigt hat. Doch wozu noch mehr Worte? Catos eigener Vortrag wird ja nun meine gesamte Auffassung vom Alter zum Ausdruck bringen.

(Beginn des Gesprächs)

2. Scipio: Immer wieder staune ich mit unserem Laelius hier über deine außerordentliche und vollkommene Weisheit in allen sonstigen Bereichen, am meisten aber wohl

darüber: Nie habe ich es erlebt, dass dir das Alter zur Last wird. Dabei ist es doch den meisten Menschen so verhasst, dass sie erklären, sie trügen mit ihm eine Last, schwerer als der Ätna.

Cato: Da wundert ihr euch wohl über etwas, Scipio und Laelius, was gar nicht so besonders schwierig ist. Wer freilich nicht in sich selbst die Voraussetzung für ein gutes und glückliches Leben hat, für den ist jedes Lebensalter beschwerlich. Wer aber alles Gute in sich selbst sucht, dem kann nichts schlimm erscheinen, was die Naturnotwendigkeit mit sich bringt. Dazu gehört eben insbesondere das Alter; alle wünschen sich, dass sie es erreichen, doch wenn sie es erreicht haben, beklagen sie sich darüber: So inkonsequent und unlogisch sind sie in ihrer Dummheit. Es schleicht sich rascher heran, als sie gedacht hätten, sagen sie. Erstens: Wer zwang sie denn, etwas Falsches anzunehmen? Wie soll sich denn das Alter schneller der Jugend nähern als die Jugend der Kindheit? Zweitens: Wie könnte das Alter weniger beschwerlich für sie sein, wenn sie im achthundertsten, als wenn sie im achtzigsten Jahr stünden? Wie lang auch immer die verflossene Lebenszeit wäre – ist sie vorbei, dann gäbe es keinen Trost, der einem Dummkopf sein Greisenalter versüßen könnte. Wenn ihr also immer wieder meine Weisheit bewundert – wäre sie doch nur eurer hohen Meinung und meines Beinamens würdig –, dann bin ich darin weise, dass ich der Natur als bester Führerin wie einer Gottheit folge und ihr gehorche.[32] Da sie die übrigen Abschnitte des Lebens so wohl geordnet hat, ist es ja nicht anzunehmen, dass sie wie ein unfähiger Dichter den letzten Akt vernachlässigt hat.[33] Doch musste es zwangsläufig etwas Endgültiges geben, was wie bei Baum-

und Feldfrüchten nach angemessener Reifezeit gleichsam welkt und abfällt. Das muss ein Weiser mit Gelassenheit ertragen. Denn der Natur zu widerstreiten – was wäre das anderes, als nach Art der Giganten Krieg gegen die Götter zu führen?

Laelius: Nun gut, Cato; du würdest uns aber, um auch für Scipio zu sprechen, einen recht großen Gefallen erweisen, wenn wir, da wir die Hoffnung oder jedenfalls den Willen haben, alt zu werden, schon beizeiten vorher von dir lernen könnten, auf welche Weise wir die zunehmende Last des Alters am leichtesten ertragen könnten.

Cato: Ja, das will ich tun, Laelius, zumal wenn ich euch beiden damit, wie du sagst, einen Gefallen erweise.

Laelius: Wir wünschen uns in der Tat, wenn es für dich keine Belastung ist, Cato – du hast ja sozusagen einen langen Weg zurückgelegt, den auch wir gehen müssen –, zu erfahren, wie es an dem Ziel aussieht, das du erreicht hast.

3. Cato: Ich will es tun, so gut ich kann, Laelius. Oft habe ich mir nämlich schon die Klagelieder meiner Altersgenossen anhören müssen – Gleich und Gleich gesellt sich gern, wie das alte Sprichwort sagt –, wie sie Gaius Salinator und Spurius Albinus, ehemalige Konsuln, etwa in meinem Alter, immer wieder anstimmten: bald weil sie Genüsse entbehren müssten, ohne die sie sich kein Leben vorstellen könnten, bald weil sie von Leuten verachtet würden, von denen sie vorher stets geachtet worden seien. Diese klagten aber, wie es mir vorkam, nicht das an, was eigentlich anzuklagen war. Denn wenn das Alter daran schuld sei, träfe doch das Gleiche auf mich und alle übrigen Älteren zu. Bei vielen von ihnen habe ich aber ein Alter ohne Klage kennen gelernt; sie bedauerten es gar nicht, von den Banden der

Sinnenlust befreit zu sein, und sie wurden auch von den Leuten aus ihrer Umgebung nicht verachtet. Doch liegt die Schuld für alle solche Klagen beim Charakter, nicht beim Alter. Denn ältere Leute, die gelassen, nicht mürrisch und nicht unfreundlich sind, erleben ein durchaus erträgliches Alter, ein unfreundliches und schroffes Wesen aber macht jedes Alter zur Plage.

Laelius: Es ist so, wie du sagst, Cato; doch könnte da vielleicht jemand behaupten, dir scheine das Alter wegen deiner Einflussmöglichkeiten, deiner Wohlhabenheit und deines Ansehens erträglicher, diese Vorzüge hätten viele aber nicht.

Cato: Es hat damit schon etwas auf sich, Laelius; doch keineswegs liegt alles daran. Bei einer Auseinandersetzung mit einem Mann aus Seriphos, der behauptete, Themistokles habe nicht durch seinen eigenen Ruhm, sondern durch den seiner Vaterstadt sein glänzendes Ansehen erworben, soll dieser entgegnet haben: »Wahrhaftig: Weder wäre ich, wenn ich aus Seriphos stammte, jemals berühmt geworden, noch du, wenn du Athener wärest!« Dasselbe kann man auch vom Alter sagen. Denn einerseits kann das Alter bei völliger Mittellosigkeit nicht einmal für einen Weisen leicht sein, andererseits kann es für einen, der nicht weise ist, auch bei größtem Reichtum nicht anders als beschwerlich sein. Die besten Waffen gegen das Alter, lieber Scipio und Laelius, sind in jedem Fall die Wissenschaften und die Betätigung der Tugenden.[34] Zu jeder Lebenszeit geübt, bringen sie nach einem langen Leben herrliche Früchte, nicht nur, weil sie uns niemals im Stich lassen, nicht einmal in der letzten Lebenszeit – obwohl auch das äußerst wichtig ist –, sondern auch weil das Bewusstsein eines recht gelebten Lebens und die Erinnerung an viele Beweise rechten Handelns höchst angenehm sind.

4. Den alten Quintus Fabius Maximus – der Tarent zurückerobert hat – liebte ich als junger Mann wie einen Altersgenossen; bei diesem Mann fand ich nämlich Ernst und Würde, die durch Leutseligkeit gemildert waren, und das Alter hatte seinen Charakter nicht verändert. Als ich ihn damals schätzen lernte, war er noch nicht so hochbetagt, aber doch schon in vorgerücktem Alter. Er war nämlich im Jahr nach meiner Geburt zum ersten Mal Konsul gewesen, und als ganz junger Mann zog ich mit ihm in seinem vierten Konsulat als Soldat nach Capua und fünf Jahre später nach Tarent. Als Quaestor amtierte ich unter dem Konsulat des Tuditanus und Cethegus, als sich Quintus Fabius Maximus, schon im hohen Alter, für den Gesetzesantrag des Cincius über Gaben und Geschenke einsetzte. Er führte Kriege wie ein Jüngling, obwohl er schon recht betagt war, und den jungen Draufgänger Hannibal zermürbte er durch seine Beharrlichkeit und Ausdauer.[35] Treffend rühmte ihn unser Freund Ennius mit seinen Versen:

»*Ein* Mann war es, der unseren Staat durch Zaudern gerettet;
Galt ihm die Rettung doch mehr als das Gerede der Menge.
So soll je länger je mehr der Ruhm des Mannes erstrahlen.«

Tarent aber – mit welch wachsamer Überlegung, mit welch kluger Taktik hat er es zurückerobert! Ich habe selber gehört, wie Salinator, der nach dem Verlust der Stadt in ihrer Zitadelle zurückgeblieben war, sich rühmte und erklärte: »Mit meiner Hilfe, Quintus Fabius, hast du Tarent zurückerobert!« »Gewiss«, sagte er lächelnd, »wenn du es nämlich nicht verloren hättest, hätte ich es nie zurückerobert.« Er tat sich aber in Friedenszeiten nicht weniger hervor als im Krieg; in seinem zweiten Konsulat leistete er, während sein Kollege Spurius Carvilius untätig blieb, dem Volkstribunen Gaius Flaminius Widerstand, solange er konnte, als der das picenische und gallische Gebiet dem Senatsbeschluss entgegen unter das Volk nach der Kopfzahl aufteilen wollte. Obwohl er Augur war, wagte er zu sagen, was man zum Wohl des Staates tue, das tue man unter den besten Auspizien; dagegen stehe ein Antrag, der sich gegen den Staat richte, im Widerspruch zu den Auspizien.[36]

Viel Großartiges habe ich bei diesem Mann erlebt; aber nichts war bewundernswerter als die Art, wie er den Tod seines Sohnes, eines berühmten Mannes und ehemaligen Konsuls, ertrug. Seine Leichenrede liegt uns vor – wenn wir sie lesen, erscheint uns da nicht jeder Philosoph gering? Groß war er aber nicht nur im Licht der Öffentlichkeit und unter den Augen seiner Mitbürger, sondern noch mehr im privaten und häuslichen Bereich. Wie wirkte er im Gespräch, in seinen Belehrungen, was hatte er für eine Kenntnis der Geschichte, was für ein Wissen vom Augurenrecht. Für einen Römer war er auch literarisch sehr gebildet. Alles hatte er im Gedächtnis, nicht nur die innenpolitischen Angelegenheiten, sondern auch alle auswärtigen. Nach Gesprächen mit ihm war ich damals so begierig, als ahnte ich bereits, dass, wie es auch eintraf, nach seinem Tod keiner mehr da sein werde, von dem ich lernen konnte.

5. Wozu aber so viele Worte über Fabius Maximus? Weil

ihr an ihm tatsächlich sehen könnt, dass es ein Frevel wäre zu behaupten, ein solches Alter sei beklagenswert gewesen. Doch können nicht alle Menschen solche Persönlichkeiten wie Scipio oder Maximus sein, so dass sie auf Eroberungen von Städten, auf Schlachten zu Wasser und zu Lande, auf Kriege, die sie selber führten, und Triumphe zurückblicken können. Es gibt auch das Alter eines in Ruhe, in Lauterkeit und edlem Stil geführten Lebens, wie wir es von Platon vernommen haben, der im einundachtzigsten Lebensjahr beim Schreiben starb, oder wie von Isokrates, der sagt, er habe das Buch mit dem Titel *Panathenaikós* im vierundneunzigsten Lebensjahr geschrieben, und der danach noch fünf Jahre lebte. Sein Lehrmeister Gorgias von Leontinoi vollendete hundertsieben Lebensjahre und ließ niemals in seinem Schaffenseifer nach. Als man ihn fragte, warum er so lange am Leben bleiben wolle, erwiderte er: »Ich habe keinen Grund, das Alter anzuklagen.« Eine großartige Antwort, die eines Gelehrten würdig ist! Denn nur Dummköpfe lasten ihre eigenen Fehler und ihr eigenes Verschulden dem Alter an.

Das tat der Mann nicht, den ich vorhin erwähnte, nämlich Ennius:

»So wie ein tüchtiges Pferd, das oft am Ziele der Rennbahn
In Olympia siegte, nun alt und müde sich ausruht.«[37]

Mit dem Alter eines mutigen und siegreichen Pferdes vergleicht er sein eigenes. Ihr könnt euch sicher noch gut an ihn erinnern. Denn die jetzigen Konsuln, Titus Flamininus und Manius Acilius, wurden achtzehn Jahre nach seinem

Tod gewählt, er aber starb unter dem Konsulat des Caepio und dem zweiten des Philippus; es war das Jahr, in dem ich im Alter von fünfundsechzig Jahren mit kräftiger Stimme und in guter körperlicher Verfassung den Gesetzesantrag des Voconius zur Annahme empfahl. Im Alter von siebzig Jahren – denn so lange lebte Ennius – trug er die beiden Lasten, die als die schwersten gelten, nämlich Armut und Greisenalter, und zwar so, dass es fast den Anschein hatte, als hätte er noch Freude daran.

So finde ich denn, wenn ich mir die Sache recht überlege, vier Gründe, weshalb das Alter beklagenswert erscheint: einmal weil es uns das tätige Leben verwehrt, zum andern weil es unseren Körper schwächt, drittens weil es uns fast sämtlicher Genüsse beraubt und viertens weil es nicht mehr weit vom Tode entfernt ist. Betrachten wir nun, wenn es euch recht ist, jeden dieser Gründe, wie schwerwiegend und wie berechtigt er ist.

6. ›Das Alter hindert uns an der Ausübung von Tätigkeiten.‹ Von welchen? Etwa von denen, die man ausübt, wenn man jung und kräftig ist? Dann gibt es also keine Tätigkeiten für das Alter, die man trotz körperlicher Schwäche mit dem Geist ausübt? Tat also Quintus Maximus nichts, nichts dein Vater, Lucius [Aemilius] Paulus, der Schwiegervater des vortrefflichen Mannes, der mein Sohn war? Die anderen Älteren, Männer wie Fabricius, Curius und Coruncanius, taten sie nichts, wenn sie den Staat mit ihrem Rat und ihrer Autorität verteidigten? Bei Appius Claudius kam zu seinem Alter noch hinzu, dass er blind war; doch als die Senatoren dazu neigten, für den Abschluss eines Friedensvertrags mit Pyrrhos zu stimmen, zögerte er nicht, das zu sagen, was Ennius in die Verse brachte:

»Wohin hat euer Sinn, der bisher aufrecht und fest stand,
Sich, ihr Sinnlosen, nun vom rechten Pfade gewendet?«

Sehr eindrucksvoll ist auch das Übrige; ihr kennt ja die Verse, aber auch die Rede des Appius selbst ist noch vorhanden. Und diese Leistung vollbrachte er siebzehn Jahre nach seinem zweiten Konsulat, wobei zehn Jahre zwischen seinen beiden Konsulaten verstrichen waren und er vor seinem ersten bereits Zensor gewesen war. Daraus ist zu ersehen, dass er zur Zeit des Krieges gegen Pyrrhos schon hochbetagt gewesen ist. Und doch haben wir es von unseren Vätern so vernommen.

Keine Beweiskraft hat also die Behauptung, im Alter könne man sich nicht aktiv betätigen. Es ist gerade so, als würde man sagen, der Steuermann sei bei der Schifffahrt untätig: Die einen klettern auf die Mastbäume, andere laufen in den Schiffsgängen hin und her, wieder andere schöpfen das Wasser aus – der Steuermann aber hält nur das Steuerruder in der Hand und sitzt ruhig auf dem Hinterdeck. Er tut freilich nicht das, was die jungen Leute tun, aber er tut etwas viel Wichtigeres und Besseres. Bedeutende Dinge vollbringt man nicht durch körperliche Kraft, Behändigkeit und Schnelligkeit, sondern mit seinem klugen Rat, dem Gewicht seiner Persönlichkeit und seinem besonnenen Urteil. Das sind Eigenschaften, die man im Alter gewöhnlich nicht einbüßt, sondern die sogar noch zunehmen. Oder habt ihr etwa den Eindruck, ich, der ich als Soldat, Tribun, Legat und Konsul die verschiedensten Kriege mitmachte, würde nun einrosten, nur weil ich keine Kriege mehr führe? Aber ich schreibe dem Senat vor, welche Kriege zu führen und wie sie zu führen sind. Karthago, das schon längst Böses im Schilde führt, kündige ich lange im Voraus den Krieg an. Seinetwegen mir Sorgen zu machen werde ich nicht eher aufhören, als bis ich erfahre, dass es zerstört ist.[38] Mögen die unsterblichen Götter dir, Scipio, diese Siegespalme vorbehalten, damit du das vollendest, was dir dein Großvater noch übrig gelassen hat. Seit seinem Tod sind dreiunddreißig Jahre vergangen, aber alle noch folgenden Jahre werden die Erinnerung an diesen Mann bewahren. Er ist ein Jahr vor meiner Zensur gestorben, neun Jahre nach meinem Konsulat, nachdem er in meiner Amtszeit ein zweites Mal zum Konsul gewählt worden war. Wäre er nun etwa, wenn er hundert Jahre gelebt hätte, seines Alters überdrüssig geworden? Freilich würde er weder einen militärischen Streifzug unternehmen noch einen Sturmangriff machen, weder die Lanze im Fernkampf noch das Schwert im Nahkampf führen, wohl aber durch seinen klugen Rat und sein überlegenes Urteil wirken. Wenn diese Fähigkeiten sich nicht bei den Alten fänden, dann hätten unsere Vorfahren nicht das höchste Gremium als den Senat, den Rat der Alten bezeichnet. Bei den Spartanern werden jedenfalls diejenigen, die das höchste Amt ausüben, so genannt, was sie auch sind: die Alten.[39] Wollt ihr aber die Geschichte fremder Völker lesen oder hören, werdet ihr finden, dass die mächtigsten Staaten von jungen Leuten zerrüttet wurden, von den alten aber aufrecht erhalten und wieder hergestellt.

»Sagt an, wie kam's, dass euch euer großer Staat so schnell verloren ging?«

Denen, die diese Frage stellen, wird im Schauspiel des Dichters Naevius manches zur Antwort gegeben, insbesondere aber dieses:

»Es traten neumodische Redner auf, törichte junge Burschen.«[40]

Unbesonnenheit ist offenbar das Merkmal der blühenden Jugend, besonnene Klugheit das des Alters.

7. ›Doch das Gedächtnis lässt nach.‹ Nun ja, wenn man es nicht übt, oder auch, wenn man von Natur aus etwas langsam im Kopf ist. Themistokles kannte alle seine Mitbürger mit Namen. Meint ihr da etwa, er habe, als er älter geworden war, den Aristides jeweils als Lysimachos begrüßt? Was mich betrifft, so kenne ich nicht nur die jetzige Generation meiner Mitbürger, sondern auch ihre Väter und Großväter, und wenn ich Grabinschriften lese, sorge ich mich nicht, beim Lesen, wie man sagt, mein Gedächtnis zu verlieren. Denn eben indem ich sie lese, kehrt die Erinnerung an die Verstorbenen zurück. Auch habe ich noch nie gehört, ein alter Mann habe den Ort vergessen, an dem er einen Schatz vergraben hatte. An alles, was ihnen am Herzen liegt, erinnern sich die Leute, an geleistete Bürgschaften, an ihre Schuldner und an ihre Gläubiger. Und die Rechtsgelehrten, die Oberpriester, die Auguren und die Philosophen – an wie vieles erinnern sie sich, auch wenn sie noch so alt sind! Die Geisteskräfte bleiben im Alter erhalten, wenn nur Eifer und Fleiß erhalten bleiben, und das gilt nicht nur bei berühmten und durch hohe Ämter geehrten Persönlichkeiten, sondern auch im stillen Privatleben. Sophokles schrieb bis ins hohe Alter Tragödien; als es schien, er würde wegen dieser

Beschäftigung sein Hauswesen vernachlässigen, brachten ihn seine Söhne vor Gericht. Wie auch nach unserer Sitte den Vätern, die ihr Vermögen schlecht verwalten, gewöhnlich die Verfügung über ihren Besitz entzogen wird, so sollten die Richter Sophokles, als wäre er schwachsinnig, entmündigen. Da soll der Greis die Tragödie, die er in Händen hielt und kurz zuvor verfasst hatte, seinen *Ödipus auf Kolonos*, den Richtern vorgetragen und ihnen dann die Frage gestellt haben, ob ihnen diese Dichtung als das Werk eines Schwachsinnigen vorkomme. Auf diesen Vortrag hin wurde er durch die Entscheidung der Richter freigesprochen.[41]

Hat also das Alter diesen Mann, hat es einen Homer, Hesiod, Simonides oder Stesichoros, oder die zuvor Genannten, Isokrates und Gorgias, große Philosophen wie Pythagoras und Demokrit, wie Platon und Xenokrates, wie später Zenon und Kleanthes oder den Stoiker Diogenes, den ihr noch in Rom erlebt habt – hat also das Alter sie gezwungen, in ihrer geistigen Arbeit zu verstummen? Oder dauerte bei ihnen allen die Beschäftigung mit ihren Studien nicht so lange wie ihr Leben?

Doch sehen wir einmal von diesen höheren Studien ab. Ich könnte aus dem Sabinerland römische Bauern anführen, meine Nachbarn und Freunde: Wenn sie nicht dabei sind, unternimmt man gewöhnlich nie irgendwelche wichtigen Arbeiten, nicht bei der Saat, nicht bei der Ernte, nicht bei der Einlagerung der Feldfrüchte. Freilich ist das bei diesen Arbeiten noch nicht so sehr erstaunlich, denn niemand ist so alt, dass er nicht glaubt, er könne noch ein Jahr leben. Eben diese Männer aber mühen sich auch mit solchen Arbeiten ab, von denen sie wissen, dass sie nichts mehr davon haben werden.

»Da pflanzt er Bäume, die einem anderen Jahrhundert Nutzen bringen«,

wie unser Caecilius Statius in seinen *Synepheben* sagt. Der Bauer aber, mag er noch so alt sein, kann auf die Frage, für wen er säe, ohne Zögern antworten: »Für die unsterblichen Götter, nach deren Willen ich diesen meinen Besitz nicht nur von den Vorfahren erhalten habe, sondern ihn auch den Nachkommen weitergeben sollte.«

8. Dieses Wort des Caecilius über einen Alten, der für die nächste Generation sorgt, klingt besser als das folgende desselben Dichters:

»Wahrhaftig, Greisenalter, wenn du auch sonst nichts Schlimmes brächtest, wenn du kommst – das eine ist schon genug: Wer lange lebt, sieht vieles, was er nicht will.«

Aber vielleicht auch vieles, was er will! Und Unerwünschtem begegnet man oft auch in der Jugend. Doch das folgende Wort des Caecilius ist noch verkehrter:

»Dann achte ich im Alter das für das Jammervollste,
zu fühlen, wie man dem andern lästig wird.«

Nein, eher angenehm als lästig! Denn wie sich kluge alte Menschen über junge Leute mit guter Veranlagung freuen und wie denen das Alter leichter wird, die von der Jugend verehrt und geliebt werden, so freuen sich auch junge Menschen an den Lehren der Alten, durch die sie in ihrem Streben nach Tüchtigkeit angeleitet werden. Ich fühle mich doch bei euch nicht weniger wohl als ihr euch bei mir. Ihr seht aber, wie das Alter nicht nur nicht schlaff und träge macht, sondern vielmehr geschäftig ist, immer in Tätigkeit und Bewegung, freilich so, wie es dem Bestreben eines jeden in seinem bisherigen Leben entspricht. Wie steht es mit denen, die gar noch etwas hinzulernen? So rühmt sich Solon, wie wir sehen, in seinen Versen, wenn er erklärt, er werde alt, indem er täglich etwas dazulerne.[42] Und so habe ich es auch gehalten, denn ich habe im Alter noch Griechisch gelernt. So begierig habe ich es mir angeeignet, als ob ich einen Durst danach stillte, den ich schon lange empfunden hatte. So sind mir gerade die Dinge bekannt geworden, die ich euch nun, wie ihr seht, als Beispiele anführe. Als ich erfuhr, Sokrates habe ebensolchen Eifer beim Saitenspiel gezeigt, da hätte ich das gerne auch noch gemacht – bei den alten Griechen erlernte man ja das Spiel auf der Leier –, aber um das Erlernen der Sprache habe ich mich jedenfalls bemüht.

9. Die Kräfte eines jungen Menschen vermisse ich nicht einmal jetzt – das war ja bei den Schattenseiten des Alters der zweite Punkt –, so wenig wie ich als junger Mann die Kraft eines Stieres oder eines Elefanten vermisst habe. Man sollte das gebrauchen, was man hat, und alles, was man tut, seinen Kräften entsprechend tun. Gibt es etwas so Albernes wie diesen Ausspruch des Milon von Kroton? Als er schon alt war und zusah, wie Athleten im Stadion trainierten, soll er seine Arme betrachtet und unter Tränen gerufen haben: »Ach, die sind ja schon tot!« Nein, nicht deine Arme, vielmehr du selbst, du Schwätzer! Du bist ja nie durch dich selbst berühmt geworden, sondern nur durch deinen starken Brustkorb und deine Arme. Nie hörte man

etwas dergleichen von Sextus Aelius, nichts vor vielen Jahren von Coruncanius, nichts vor kurzem von Publius Crassus, Männer, die ihren Mitbürgern Gesetze gaben; sie haben ihre klugen Kenntnisse bis zum letzten Atemzug weiterentwickelt.

›Ein Redner, fürchte ich, erschlafft im Alter; seine Aufgabe erfordert ja nicht nur Geistesgaben, sondern auch starke Lungen und überhaupt körperliche Kraft.‹ Doch im Allgemeinen behält der typische Klang einer Stimme irgendwie auch im Alter noch seine Resonanz; ich habe dies jedenfalls bisher nicht eingebüßt, und ihr kennt meine Jahre. Die ruhige verhaltene Sprache eines alten Menschen wirkt angenehm und würdig, und die gefällige, gelassene Redeweise eines betagten Redners findet von selbst ihr Publikum. Kann man es selber nicht mehr leisten, so könnte man ja einen Scipio und Laelius darin unterweisen. Was gibt es denn Erfreulicheres, als im Alter umringt zu sein von einem Kreis lernbegieriger junger Leute? Oder wird man dem Alter sogar diese Kräfte absprechen, die Jungen zu belehren, auszubilden und sie zur Erfüllung aller ihrer Aufgaben und Pflichten anzuleiten? Was könnte denn herrlicher sein als diese Tätigkeit? Mir schienen jedenfalls Gnaeus und Publius Scipio und deine beiden Großväter, Lucius Aemilius [Paulus] und Publius Africanus glücklich, wenn sie vornehme junge Männer im Gefolge hatten, und es gibt keine Lehrmeister der edlen Wissenschaften, die man nicht glücklich schätzen dürfte, mögen sie ihren körperlichen Kräften nach auch noch so altersschwach geworden sein.

Dabei rührt gerade dieses Nachlassen der Kräfte häufiger von den Sünden der Jugend her als von den Gebrechen des

Alters. Denn eine dem hemmungslosen Genuss verfallene Jugend hinterlässt dem Alter einen entkräfteten Körper. Kyros sagt jedenfalls bei Xenophon in seiner Rede, die er in hohem Alter auf dem Sterbebett hielt, er habe nie das Gefühl gehabt, er sei im Alter schwächer gewesen als in der Jugend.[43] Aus meiner Kinderzeit erinnere ich mich an Lucius Metellus, der vier Jahre nach seinem zweiten Konsulat Oberpriester [*pontifex maximus*] geworden war und dieses Priesteramt zweiundzwanzig Jahre ausübte; er war noch in seiner letzten Lebenszeit so gut bei Kräften, dass er die Jugend nicht vermisste. Ich brauche nicht von mir selbst zu reden, obgleich das eine Eigenart alter Leute ist und man es unseren Jahren auch nachsieht.

10. Ihr wisst doch, wie oft Nestor sich bei Homer seiner Vorzüge rühmt. Er erlebte ja bereits die dritte Generation und brauchte nicht zu befürchten, zu überheblich oder redselig zu wirken, wenn er sich wahrer Vorzüge rühmte. Denn wie Homer sagt, »floss die Rede von seiner Zunge süßer als Honig«,[44] ein Reiz, für den es keiner körperlichen Kräfte bedurfte. Und der Heerführer Griechenlands wünscht sich wahrhaftig nirgends, zehn Männer vom Schlag eines Aias zu haben, wohl aber zehn wie Nestor; wenn er die fände, so zweifelt er nicht, dass Troia dann in Kürze fallen werde.

Doch zurück zu mir. Ich stehe jetzt im vierundachtzigsten Lebensjahr; ich wünschte zwar, ich könnte mich ebenso rühmen wie Kyros, aber ich kann doch Folgendes behaupten: Ich bin zwar nicht mehr so bei Kräften wie als Soldat im Krieg gegen Karthago, als Quaestor im selben Krieg, als Konsul in Spanien oder vier Jahre später, als ich als Kriegstribun unter dem Konsul Manius Acilius Glabrio bei den Thermopylen kämpfte. Aber das Alter hat mich doch, wie ihr seht, nicht völlig entkräftet und gebrochen. Weder die Kurie noch die Rednertribüne müssen auf meine Kräfte verzichten, ebenso wenig wie meine Freunde, meine Schutzbefohlenen[45] oder meine Gastfreunde. Ich habe nämlich niemals jenem alten, viel gepriesenen Sprichwort zugestimmt, das dazu auffordert, frühzeitig ein Greis zu werden, wenn man es lange sein will. Nein, ich wollte lieber weniger lange ein Greis sein, statt vor der Zeit einer zu werden. So hat mich auch bisher noch keiner besuchen wollen, für den ich nicht Zeit gehabt hätte.

›Aber ich habe weniger Kraft als jeder von euch beiden.‹ Nicht einmal ihr besitzt die Kräfte des Centurio Titus Pontius. Ist dieser daher mehr wert als ihr? Wenn man seine Kräfte nur maßvoll einteilt und sich nur so viel anstrengt, wie man kann, dann wird niemand sich abhärmen vor Sehnsucht nach mehr Körperkraft. In Olympia soll Milon das Stadion durchschritten haben, indem er einen Ochsen auf den Schultern trug. Würdest du dir lieber diese Körperkraft wünschen oder die Geistesstärke eines Pythagoras? Mit einem Wort: Gebrauche dieses Geschenk der Natur, solange es da ist; wenn es nicht mehr da ist, dann vermisse es nicht, sonst müssten doch auch die jungen Leute die Kindheit und die etwas Älteren die Jugend vermissen. Das Leben hat seine bestimmte Bahn, und es gibt nur einen Weg der Natur, und zwar einen geraden. Jedem Lebensabschnitt wurde seine Zeit zugemessen; die Schwäche der Kinder, das Ungestüm der jungen Leute, der Ernst des schon gesetzten Alters und die Reife des Greisenalters, das hat etwas ganz Natürliches, das man jeweils zu seiner Zeit ausleben muss. Du hast, denke ich, gehört, Scipio, was

Masinissa, dein Gastfreund von großväterlicher Seite, tut, der heute neunzig Jahre alt ist: dass er grundsätzlich auf kein Pferd steigt, wenn er einen Fußmarsch angetreten hat; wenn er aber zu Pferde unterwegs ist, dann steigt er nicht vom Pferd ab; kein Regen, keine Kälte bringt ihn dazu, eine Kopfbedeckung aufzusetzen, sein Körper ist außerordentlich abgehärtet, und so kann er alle Pflichten und Aufgaben eines Königs erfüllen. Mit körperlicher Übung und maßvoller Lebensweise kann man also auch im Alter noch etwas von der früheren Leistungsfähigkeit bewahren.

11. ›Im Alter hat man keine Körperkräfte mehr.‹ Man verlangt vom Alter ja auch gar keine Kraft mehr. Deshalb ist nach Gesetz und Herkommen unser Alter frei von solchen Aufgaben, die ohne körperliche Kraft nicht zu erfüllen sind. Und deshalb zwingt man uns auch gar nicht zu dem, was wir nicht leisten können, ja nicht einmal dazu, was wir noch könnten. ›Doch viele alte Menschen sind so schwach, dass sie keine Verpflichtung und überhaupt keine Aufgabe im Leben mehr erfüllen können.‹ Das ist nun aber kein besonderes Gebrechen des Alters, sondern allgemein eine Sache der gesundheitlichen Verfassung. Wie schwächlich war doch der Sohn des Publius Africanus, der dich adoptiert hat, Scipio, wie zart oder vielmehr kümmerlich seine Gesundheit! Wäre es anders gewesen, wäre mit ihm eine zweite Leuchte des Staates aufgegangen, denn zu der Geistesgröße seines Vaters kam bei ihm eine noch reichere Bildung. Was wundert man sich also bei den Alten, wenn sie einmal schwach sind, da selbst die Jungen dem nicht entgehen können? Man muss sich dem Altern widersetzen, Laelius und Scipio, und seine Gebrechen durch Umsicht ausgleichen. Es gilt, gegen das Alter anzukämpfen wie gegen

eine Krankheit: auf seine Gesundheit achten, maßvolle körperliche Übungen betreiben, und nur so viel essen und trinken, dass man die Kräfte des Körpers stärkt, ihn aber nicht belastet.

Es gilt jedoch nicht nur den Körper, sondern noch viel mehr Geist und Seele zu unterstützen. Auch diese Kräfte erlöschen im Alter, wenn man nicht, wie bei einer Lampe, immer Öl nachgießt. Der Körper wird zwar durch anstrengende Übungen erschöpft, der Geist aber dadurch, dass man ihn übt, gestärkt. Denn wenn Caecilius von »komischen, dummen Alten« spricht,[46] dann meint er damit leichtgläubige, vergessliche, energielose Menschen, deren Schwächen nicht für das Alter an sich typisch sind, sondern für ein schlaffes, träges und schläfriges Alter. Wie Frechheit und Hemmungslosigkeit eher ein Merkmal der Jungen als der Alten sind, jedoch nicht aller Jungen, sondern nur der ungeratenen, so ist die greisenhafte Torheit, die man gewöhnlich senile Verblödung nennt, typisch für Alte, die sich gehen lassen, aber eben nicht für alle.

Vier kräftigen Söhnen, fünf Töchtern, einem entsprechend großen Hauswesen und einer großen Zahl von Schutzbefohlenen stand Appius vor, blind und hochbetagt wie er war. Er hielt seinen Geist stets angespannt wie einen Bogen und überließ sich nicht der erschlaffenden Wirkung des Alters. Er verstand es, nicht nur sein persönliches Ansehen zu bewahren, sondern führte auch das Kommando über die Seinen. Die Sklaven fürchteten, die Kinder respektierten und alle liebten ihn. In seinem Haus herrschten Sitte und Zucht unserer Väter. So wird man nämlich im Alter geehrt, wenn man seine Selbstachtung wahrt und sein Recht behauptet, wenn man seine Vollmacht keinem anderen übertragen hat und bis zum letzten Atemzug der Herr im Hause ist. Denn wie ich einen jungen Menschen lobe, der etwas von einem alten an sich hat, so lobe ich mir einen Greis, an dem etwas von einem jungen ist.[47] Wer sich daran hält, der kann körperlich ein Greis sein, geistig wird er es niemals sein. Ich habe das siebte Buch meiner *Origines*, meiner *Ursprungsgeschichten* in Arbeit, ich sammele alle Zeugnisse der alten Zeit, jetzt arbeite ich gerade die Reden aller wichtigen Prozesse aus, die ich geführt habe, das Recht der Auguren, der *pontifices* und das bürgerliche Recht behandle ich, ausgiebig beschäftige ich mich auch mit griechischer Literatur. Und ich vergegenwärtige mir abends, um mein Gedächtnis zu trainieren, nach Art der Pythagoreer,[48] was ich an dem betreffenden Tag jeweils gesagt, gehört und getan habe. Das sind Übungen des Geistes, Wettläufe des Verstandes; wenn ich mich damit abmühe und anstrenge, habe ich keine besondere Sehnsucht nach körperlichen Kräften. Ich stehe meinen Freunden vor Gericht bei, besuche häufig die Senatssitzungen, leiste von mir aus Beiträge, die ich lange und reiflich erwogen habe, und ich vertrete sie mit den Kräften meines Geistes, nicht des Körpers. Und selbst wenn ich dazu nicht mehr imstande wäre, würde es mir doch Freude machen, auf meinem Bett zu liegen und an eben das zu denken, was ich nicht mehr tun könnte. Dass ich es aber noch kann, verdanke ich meiner früheren Lebensweise. Denn wer immer in solchen Beschäftigungen und Arbeiten lebt, merkt gar nicht, wann das Alter unbemerkt herankommt. So allmählich und unmerklich geht das Leben ins Greisenalter über und bricht dann nicht plötzlich ab, sondern erlischt mit der Länge der Zeit.

12. Es folgt der dritte Vorwurf gegen das Alter, nämlich

die Behauptung, dass es die Sinnenfreuden entbehren muss. Was für ein herrliches Geschenk macht uns doch das Leben, wenn es uns das nimmt, was in der Jugend die schlimmste Quelle des Lasters ist! Hört doch, ihr redlichen jungen Männer, die altbekannten Worte des Archytas von Tarent, eines bedeutenden und hochberühmten Mannes. Sie wurden mir berichtet, als ich in jungen Jahren zusammen mit Quintus [Fabius] Maximus in Tarent war. Archytas behauptete, die Menschen hätten von der Natur keine andere so verheerende Pest mitbekommen wie die Lust; in gierigem Verlangen nach ihr ließen sie sich blindlings und hemmungslos dazu aufreizen, in ihren Genuss zu kommen. Oft liege hier die Ursache von Vaterlandsverrat, Aufruhr, heimlichen Absprachen mit den Feinden, kurzum, es gebe kein Verbrechen, keine Missetat, zu der das Verlangen nach der Lust nicht verführen könnte. Vergewaltigung, Ehebruch und jede Schandtat dieser Art seien auf keinen anderen Anreiz zurückzuführen als eben auf den der Lust. Und während dem Menschen, sei es von der Natur, sei es von Gott, nichts Besseres verliehen worden sei als der Verstand, sei doch dieser edlen Gabe der Götter nichts so feindlich wie die Lust. Wo nämlich die Begierde herrsche, sei für Selbstbeherrschung kein Platz mehr, noch könne sich überhaupt die Tugend im Reich der Lust behaupten. Um das noch klarer zu erkennen, forderte Archytas dazu auf, sich einen Menschen zu denken, der von der größten körperlichen Lust erfüllt sei, die man sich vorstellen könne; da werde, so meinte er, wohl jeder zugeben müssen, dass der Betreffende, solange er in einem solchen Genuss schwelge, zu keiner geistigen Beschäftigung imstande sei, dass er weder etwas überlegen noch einen vernünftigen

Gedanken fassen könnte. Deswegen sei nichts so sehr zu verabscheuen wie die Lust, zumal sie ja, zu intensiv und zu lange genossen, jeden Funken des Geistes völlig auslösche.

Das habe Archytas mit dem Samniten Gaius Pontius besprochen, dem Vater des Mannes, der die Konsuln Spurius Postumius und Titus Veturius in der Schlacht bei Caudium besiegt hatte. Der Tarentiner Nearchos, unser Gastfreund, der in freundschaftlicher Verbindung mit dem römischen Volk geblieben war, erklärte, es von Älteren gehört zu haben, wobei an dem Gespräch auch Platon aus Athen teilgenommen habe, der nach meinen Ermittlungen unter dem Konsulat des Lucius Camillus und Appius Claudius nach Tarent kam.[49]

Wozu erzähle ich das? Damit ihr einseht, dass wir, falls wir die Lust nicht ohnehin mit Hilfe von Vernunft und Wissen verschmähen, dem Alter äußerst dankbar sein müssten: Es bringt uns dazu, das nicht zu mögen, was uns nicht bekommt. Die Lust behindert ja die Überlegung, sie ist die Feindin der Vernunft, sie blendet sozusagen die Augen des Geistes, und sie meidet jeden Umgang mit der Tugend.[50] Es fiel mir schwer, Lucius Flamininus, den Bruder des heldenhaften Titus Flamininus, sieben Jahre nach seinem Konsulat aus dem Senat auszustoßen, doch ich glaubte, seine hemmungslose Willkür rügen zu müssen.[51] Er ließ sich nämlich als Konsul in Gallien bei einem Gastmahl von einer Dirne durch Bitten dazu bewegen, einen der Männer enthaupten zu lassen, die sich nach ihrer Verurteilung wegen eines schweren Verbrechens in Haft befanden. Damals war er davongekommen: Sein Bruder Titus, mein unmittelbarer Vorgänger, war Zensor. Doch ich und Flaccus konnten eine Tat aus leidenschaftlicher

Begierde, so schändlich und verwerflich wie sie war, keinesfalls durchgehen lassen, da sie ja mit der persönlichen Schmach auch noch die Entehrung des Amtes verband.

13. Oft hörte ich von Älteren, die sagten, sie hätten es als Kinder ihrerseits wieder von alten Leuten gehört: Gaius Fabricius habe sich immer wieder gewundert über das, was er als Gesandter bei König Pyrrhos von dem Thessalier Kineas hörte. Es gebe in Athen einen Mann, der mit dem Anspruch eines Weisen auftrete und behaupte, wir müssten die Sinnenlust zum Maßstab allen Handelns machen.[52] Manius Curius und Titus Coruncanius hätten sich, wenn sie das von ihm hörten, immer gewünscht, das solle man den Samniten und dem Pyrrhos selbst einreden, da sie doch als Sklaven der Lust umso leichter zu besiegen seien. Manius Curius hatte noch Publius Decius erlebt, der sich fünf Jahre vor dessen Konsulat, selbst zum vierten Mal Konsul, für die Rettung des Staates dem Tod geweiht hatte. Ihn kannten auch noch Fabricius und Coruncanius. Diese Männer waren sowohl aus ihrer eigenen Lebensauffassung heraus als auch angesichts der Heldentat des eben genannten Decius der Überzeugung, es gebe mit Sicherheit von Natur aus etwas Schönes und Herrliches, das um seiner selbst willen begehrt werde und nach dem gerade die Besten strebten, während sie die Lust verschmähten und verachteten.

Wozu hier so viele Worte über die Lust? Weil es nicht nur kein Vorwurf gegen das Alter, sondern sogar sein höchster Ruhmestitel ist, dass es kein besonderes Verlangen nach den Sinnenfreuden mehr hat.

›Es kennt keine Festmähler, keine reichgedeckten Tische und keine immer wieder gefüllten Pokale.‹ So kennt es auch keine Trunkenheit, keinen verdorbenen Magen und keine Schlaflosigkeit. Doch wenn man der Lust schon ein kleines Quantum zubilligen muss, da man ihren Lockungen ja nicht leicht widersteht – wahrhaft treffend bezeichnet ja Platon die Lust als Köder des Bösen, da sich die Menschen wie die Fische von ihr fangen lassen[53] –, dann kennt das Alter zwar keine unmäßigen Gelage, an bescheidenen Gastmählern kann es aber doch seine Freude haben. Ich sah als Kind oft, wie Gaius Duellius, der Sohn des Marcus, der als Erster eine Seeschlacht gegen die Karthager gewonnen hatte, als alter Mann des Abends von einem Mahl nach Hause ging. Er hatte seine Freude am Licht der Fackeln und an der Musik des Flötenspielers, eine Begleitung, die er sich als Privatmann leistete, ohne dass es ein Vorbild dafür gab; so viel Freizügigkeit erlaubte ihm sein Ruhm.

Aber was rede ich von anderen? Ich will wieder auf mich selbst zurückkommen. Schon von Anfang an hatte ich immer Tischgenossen. Die Vereine der Tischgenossenschaften aber wurden eingerichtet, als ich Quaestor war und der Kult der Großen Mutter vom Ida bei uns Aufnahme fand.[54] Ich speiste also mit den Tischgenossen im Ganzen mäßig, doch unserem damaligen Alter entsprechend noch mit etwas jugendlichem Feuer. Mit fortschreitendem Alter mildert sich dann alles von Tag zu Tag. Bei den Gastmählern selbst bestand für mich das Vergnügen weniger in den leiblichen Genüssen als im Zusammensein mit den Freunden und den Gesprächen. Treffend haben nämlich unsere Vorfahren die Tischgesellschaft von Freunden, da sie eine Gemeinsamkeit des Lebens mit sich bringe, als »Zusammenleben« bezeichnet; sie trafen es damit besser als die Griechen, die dasselbe teils Trink-, teils Mahlgemeinschaft nennen.[55] Dabei sieht es so aus, als würden sie etwas, was hierbei doch am wenigsten eine Rolle spielt, als das Wichtigste ansehen.

14. Wegen der Freude am Gespräch genieße ich aber auch früher am Tag beginnende Mahlzeiten, und zwar nicht nur mit Altersgenossen, von denen nur ganz wenige noch übrig sind, sondern auch mit Angehörigen eurer Generation und mit euch; dabei bin ich dem Alter sehr dankbar, dass es mein Verlangen nach Gesprächen zunehmen, das nach Essen und Trinken aber abnehmen ließ. Wenn jemand aber auch daran Freude hat – es soll nicht so aussehen, als hätte ich der Lust, von der wohl ein gewisses Maß doch ganz natürlich ist, gänzlich den Krieg erklärt –, dann kann ich nicht einsehen, dass das Alter gerade für diese Genüsse gar keinen Sinn mehr haben soll. Ich jedenfalls habe Freude an der Rolle des Vorsitzenden beim Gastmahl – ein Brauch, den unsere Vorfahren eingerichtet haben – und an Reden, die man gemäß der Sitte der Vorfahren der Reihe nach beim Zechen hält, und an den Bechern, die klein sind und uns mit Wein beträufeln, wie es in Xenophons *Gastmahl* heißt,[56] und ich erfreue mich an der Abkühlung im Sommer und umgekehrt an der Sonnenwärme oder am Herdfeuer im Winter. All das genieße ich auch auf meinem sabinischen Landgut und lade mir jeden Tag Nachbarn ein zu einem geselligen Mahl, das wir, solange wir können, unter vielerlei Gesprächen bis in die tiefe Nacht ausdehnen.

›Aber es gibt bei alten Menschen keinen so starken, sagen wir einmal, Kitzel der Lust mehr.‹ Das glaube ich, doch man hat auch kein Verlangen mehr danach. Man leidet aber nicht unter dem, was man nicht vermisst. Treffend bemerkte Sophokles, als ihn in bereits vorgerücktem Alter jemand fragte, ob er noch Liebesfreuden genieße: »Gott bewahre! Ich bin froh, dass ich dem wie einem rohen und rasenden Herrn entronnen bin!«[57] Die Leute, die auf solche Dinge erpicht sind, finden vielleicht Ärger und Verdruss daran, sie zu entbehren, wer aber sein Verlangen befriedigt und gesättigt hat, für den ist der Verzicht angenehmer als der Genuss. Wer kein Verlangen fühlt, spürt ja auch keinen Verlust. Folglich kann ich sagen, dieses Fehlen des Verlangens sei angenehmer als der Genuss.

Wenn man nun aber gerade diese Freuden der Lust in guten Jahren besonders genießt, so genießt man erstens, wie ich schon sagte, Dinge, die nicht viel bedeuten und die man zweitens auch im Alter zwar nicht gerade im Überfluss hat, aber doch nicht ganz und gar entbehren muss. Zwar wird ein Ambivius Turpio den mehr erfreuen, der als Zuschauer im Theater in der ersten Reihe sitzt, aber auch in der hintersten Reihe kann man sich noch an ihm freuen. So hat man in der Jugend vielleicht mehr Spaß, weil man die Genüsse aus nächster Nähe erlebt, doch auch im Alter, wenn man sie aus der Ferne betrachtet, kann man noch genügend Freude daran haben.

Doch wie viel mehr wert ist es, wenn man die Kämpfe der Sinnenlust, des Ehrgeizes, der Rivalitäten, der Feindschaften und sämtlicher Begierden sozusagen abgeleistet hat, der Geist sich selbst gehört und, wie man sagt, sein eigener Herr ist! Findet er dann noch gleichsam Nahrung in einer wissenschaftlichen Beschäftigung, dann gibt es nichts Angenehmeres als ein Alter in voller Muße. Wir haben Gaius Galus, den Freund deines Vaters, Scipio, erlebt, wie er sich geradezu umbrachte in seinem Eifer, beinahe den ganzen Himmel und die Erde auszumessen. Wie oft hat ihn das Licht des Tages überrascht, wenn er bei Nacht begonnen hatte, etwas aufzuzeichnen, oder wenn er frühmorgens damit angefangen hatte, brach über ihn die Nacht herein! Wie freute es ihn, uns schon lange vorher die Finsternisse von Sonne und Mond vorauszusagen! Und wie steht es mit den weniger anspruchsvollen Beschäftigungen, die aber doch einen wachen Geist erfordern? Was hatte Naevius Freude an seinem Epos, dem *Punischen Krieg*, Plautus an seinen Komödien, am *Pseudolus*, an seinem *Truculentus*! Ich habe auch den alten Livius Andronicus noch erlebt. Er hatte schon sechs Jahre vor meiner Geburt unter dem Konsulat des Cento und Tuditanus ein Theaterstück aufgeführt und lebte dann noch bis in meine jüngeren Jahre hinein. Was soll ich von der eifrigen Beschäftigung des Publius Licinius Crassus mit dem Recht der Priester und dem bürgerlichen Recht sprechen oder von der unseres Publius Scipio, der gerade vor wenigen Tagen Oberpriester geworden ist? Bei ihnen allen, die ich erwähnte, konnten wir sehen, wie sie diese Beschäftigungen noch im Alter mit brennendem Eifer betrieben. Marcus Cethegus aber, den Ennius zu Recht »das Mark der Überredungskunst« nannte – wir sahen es ja, wie er sich mit leidenschaftlichem Einsatz noch im Alter in der Redekunst übte! Welche Genüsse bei Gastmählern, Spielen oder mit Dirnen sind mit solchen Freuden zu vergleichen? Und das sind gelehrte Beschäftigungen, die doch bei klugen und gebildeten Menschen mit dem Alter an Wert gewinnen, so wie es Solon würdig ausdrückt in dem schon erwähnten kleinen Vers, er werde älter und lerne dabei Tag für Tag noch viel Neues hinzu – gewiss die größte Geistesfreude, die es geben kann.

15. Ich komme jetzt zu den Freuden der Landwirtschaft,

woran ich unglaubliches Vergnügen finde; sie werden einerseits in keiner Weise durch das Alter beeinträchtigt und entsprechen andererseits, wie mir scheint, dem Leben eines Weisen am meisten. Man hat dabei nämlich die Erde als Vertragspartner, die sich niemals einem Gebot verweigert und niemals ohne Verzinsung das zurückgibt, was sie empfangen hat, manchmal mit geringerem, zumeist jedoch mit höherem Gewinn. Ich finde indessen nicht nur Freude am Ertrag, sondern auch am schöpferischen Wesen und an der Natur der Erde selbst. Wenn sie den ausgestreuten Samen in ihren gelockerten, vom Pflug aufgebrochenen Schoß aufgenommen hat, hält sie ihn zunächst in Dunkelheit verhüllt; davon kommt das Wort für das Eggen, mit dem man das erreicht.[58] Umschlossen von ihrem warmen Dunst lässt die Erde den Samen dann aufquellen und lockt aus ihm aufsprießendes Grün hervor, das, durch die Wurzelfasern gestützt, allmählich größer wird, mit knotigem Halm in die Höhe wächst und sich, wenn es gleichsam erwachsen wird, in Hülsen einschließt. Wenn es aus ihnen zum Vorschein kommt, bringt es die Frucht in der regelmäßig angeordneten Form der Ähre hervor und schützt sich gegen die Schnäbel kleinerer Vögel mit einer Schutzwehr von Grannen. Was soll ich das Anpflanzen, das Werden und Wachsen von Weinstöcken erwähnen? Ich kann mich nicht genug daran freuen – so könnt ihr euch ein Bild machen von dem erholsamen Vergnügen meiner alten Tage. Ich spreche dabei gar nicht eigens von der besonderen Kraft, die alles aus der Erde hervortreibt. Erzeugt sie doch aus einem so winzigen Feigen- oder Traubenkern und aus den kleinsten Samen der übrigen Früchte und Gewächse so große Stämme und Äste. Die Setzlinge, Reiser, Schösslinge, Ableger und Stecklinge – lassen sie da nicht etwas entstehen, was jeden mit Bewunderung und Freude erfüllt? Die Rebe jedenfalls, die sich ja von Natur aus nach unten senkt und, wenn sie nicht gestützt wird, zur Erde neigt, umschlingt, damit sie sich aufrichten kann, mit ihren Ranken wie mit Händen alles, was sie erreicht. Wenn sie sich dann in vielfachen Windungen hin und her schlängelt, beschneidet sie der Winzer kunstreich mit dem Messer und bändigt sie, damit sie nicht mit ihren Austrieben verholzt und im Übermaß nach allen Seiten hin wuchert. So tritt, wenn der Frühling kommt, an dem, was man stehen ließ, gleichsam an den Gelenken der Reiser, das sogenannte Auge hervor. Aus ihm entwickelt sich die Traube, die durch die Feuchtigkeit der Erde und die Wärme der Sonne wächst. Anfangs hat sie einen recht herben Geschmack, dann reift sie und wird süß, umkleidet sich mit Weinlaub und hat so einerseits die richtige Wärme, schützt sich aber andererseits vor der übermäßigen Glut der Sonne. Gibt es einen köstlicheren Genuss, einen schöneren Anblick als sie?

Aber nicht nur der Nutzen erfreut mich am Weinstock, wie ich vorhin sagte, sondern auch sein Anbau und sein Wachstum, die regelmäßige Anordnung der Stützpfähle, die Querverbindung am oberen Teil, das Anbinden und das Weiterziehen der Reben, das zuvor erwähnte Beschneiden der einen Reiser und das Wachsenlassen der anderen. Was soll ich das Bewässern, das Hacken und Umgraben des Ackers anführen, wodurch die Erde noch viel fruchtbarer wird? Was soll ich vom Nutzen des Düngens reden? Das habe ich ja alles in meinem Buch behandelt, das ich über die Landwirtschaft geschrieben habe. Darüber hat Hesiod, obwohl ein Kenner, kein Wort verloren, als er über den Ackerbau schrieb. Homer jedoch, der, wie ich glaube, viele Menschenalter früher lebte, stellt Laertes dar, wie er die Sehnsucht nach seinem Sohn lindert, indem er den Acker bestellt und düngt.[59] Die Landwirtschaft erfreut uns aber nicht nur mit Saatfeldern, Wiesen, Weinbergen und Baumpflanzungen, sondern auch durch Gemüse- und Obstgärten, sodann durch Weidevieh und Bienenvölker und die bunte Vielfalt aller Blumen. Freude bereitet nicht nur das Säen und Pflanzen, sondern auch das Pfropfen, die sinnreichste Erfindung in der Landwirtschaft.

16. Ich könnte noch sehr viel Genussreiches beim Leben und Arbeiten auf dem Land anführen, aber ich merke, dass schon das, was ich gesagt habe, zu lang geraten ist. Ihr werdet es mir aber zugutehalten, denn ich habe mich einmal von der Begeisterung für die Landwirtschaft hinreißen lassen, zum andern aber ist man im Alter von Natur aus redseliger; es soll ja nicht so aussehen, als wollte ich es von allen Fehlern freisprechen. So hat denn Manius Curius, nachdem er Triumphe über die Samniten, die Sabiner und über Pyrrhos gefeiert hatte, auf diese Weise seinen Lebensabend verbracht. Sooft ich sein Landhaus betrachte – es ist von meinem ja nicht weit entfernt –, kann ich die Genügsamkeit dieses Mannes und die Sittenstrenge seiner Zeit gar nicht genug bewundern. Curius saß gerade am Herd,[60] als die Samniten kamen und ihm eine große Menge Gold brachten. Er aber wies sie ab mit der Begründung, nicht der Besitz von Gold scheine ihm ehrenvoll, sondern die Herrschaft über die Besitzer des Goldes. Er musste bei einer solch hohen Gesinnung das Alter doch erfreulich finden! Ich komme immer wieder auf die Bauern zurück, um in meiner eigenen Umwelt zu bleiben. Die Senatoren, das

heißt betagte Männer,[61] lebten damals auf dem Land. So erhielt ja Lucius Quinctius Cincinnatus beim Pflügen die Nachricht, er sei zum Diktator ernannt worden. Auf den Befehl dieses Diktators ergriff und tötete Gaius Servilius Ahala als Befehlshaber der Reiterei den Spurius Maelius, der nach der Königsherrschaft strebte. Man holte Curius und andere betagte Männer von ihren Landhäusern in den Senat, daher bezeichnete man diejenigen, die sie herbeiholten, als Landboten.[62] War nun etwa das Alter dieser Männer, die sich am Ackerbau erfreuten, beklagenswert? Meiner Meinung nach kann es kaum etwas Beglückenderes geben, nicht nur hinsichtlich der Pflichterfüllung, weil der Ackerbau dem ganzen Menschengeschlecht zugutekommt, sondern auch wegen des schon erwähnten Genusses, den man daran hat, und der reichen Fülle aller Dinge, die zum Lebensunterhalt der Menschen, aber auch zum Dienst an den Göttern gehören. So können wir uns, was sich doch manche wünschen, auch mit dem Genießen wieder aussöhnen.

Bei einem tüchtigen und fleißigen Gutsherrn ist ja der Wein-, der Öl- und auch der Vorratskeller immer wohlgefüllt und das ganze Landgut reichlich ausgestattet. Da gibt es alles in Fülle: Schweine, Ziegen, Lämmer, Hühner, Käse, Milch und Honig. Den Garten nennen die Bauern selbst gar die zweite Speckseite. Zusätzliche Beschäftigungen wie Vogelfang und Jagd machen noch einen zusätzlichen Reiz des Landlebens aus.

Was soll ich noch weiter vom Grün der Wiesen, von der Ordnung der Baumreihen, vom wohltuenden Anblick der Weinberge und Ölbaumhaine reden? Ich will es kurz machen: Es kann nichts Nützlicheres und nichts Schöneres geben als ein wohlbestelltes Land. Sich daran zu erfreuen, hindert uns das Alter nicht, ja es lädt uns sogar verlockend dazu ein. Wo könnte man sich denn in diesem Lebensalter besser erwärmen, als an der Sonne oder am Herdfeuer, und sich umgekehrt gesünder erfrischen als im Schatten und am Wasser? Ich gönne den jungen Leuten ihre Waffen, Pferde, Lanzen, die Keule und den Ball, ihre Übungen im Schwimmen und im Laufen, wenn man uns Alten von so viel Spielen nur das Würfel- und das Brettspiel lässt, und selbst von diesen beiden, wenn sie wollen, nur eines: Man kann schließlich im Alter auch ohne das glücklich sein.

17. Für viele Zwecke sind die Schriften Xenophons von großem Nutzen; lest sie bitte eifrig, wie ihr es ja schon tut. Mit welch reicher Fülle an Gedanken preist er die Landwirtschaft in seiner Schrift mit dem Titel *Oikonomikós*, die von der Sorge für das Hauswesen handelt. Und dass in seinen Augen nichts so königlich ist wie die Sorge für den Landbau, das sollt ihr an dem Gespräch erkennen, das Sokrates in diesem Buch mit Kritobulos führt: Zu Kyros dem Jüngeren, dem Perserprinzen von hohem Geist und Herrscherruhm, kam einmal der Spartaner Lysander, ein Mann von überragender Tapferkeit, nach Sardes und brachte ihm Geschenke von den Bundesgenossen. Kyros, der auch sonst freundlich und liebenswürdig zu Lysander war, zeigte ihm noch ein Stück Land, das eingezäunt und sorgfältig bestellt war. Lysander staunte über den hohen Wuchs der Bäume und die kreuzweise gepflanzten Baumreihen, über den durchgearbeiteten und reinen Boden und die süßen Düfte, die die Blumen verströmten, und sagte zu Kyros, er wundere sich nicht nur über die Sorgfalt, sondern auch über die Kunstfertigkeit desjenigen, der das alles abgemessen und

angelegt habe. Und Kyros erwiderte darauf: »Aber das habe ich doch alles abgemessen, von mir stammen die Baumreihen, von mir die regelmäßige Anordnung, viele von diesen Bäumen sind von mir mit eigener Hand gepflanzt.« Da blickte Lysander auf das Purpurgewand des Kyros, seine glanzvolle Erscheinung und die persische Tracht mit ihrem vielen Gold und ihren vielen Edelsteinen und sagte: »Ja, Kyros, man nennt dich zu Recht glücklich, da sich dein Glück mit Tüchtigkeit verbindet.«[63]

Dieses Glück zu genießen steht alten Menschen also frei, und unsere Jahre hindern uns nicht, am Eifer für so mancherlei Beschäftigungen, besonders aber für die Landwirtschaft, festzuhalten, bis in die letzte Zeit unseres Alters. Marcus Valerius Corvinus ist dieser Vorliebe, wie wir vernommen haben, bis zum hundertsten Jahr treu geblieben, da er, nachdem sein Leben eigentlich schon vollendet war, auf dem Land lebte und es bewirtschaftete. Es lagen sechsundvierzig Jahre zwischen seinem ersten und seinem sechsten Konsulat. Seine Ämterlaufbahn umfasste also einen so langen Zeitraum, wie er nach der Vorstellung unserer Vorfahren bis zum Beginn des Greisenalters vergehen sollte.[64] Und im höchsten Alter war er noch glücklicher als in seinen mittleren Jahren, da er mehr Ansehen, aber weniger Mühe und Plage hatte.

Die Krönung des Alters aber ist das Ansehen. Wie groß war das bei Lucius Caecilius Metellus, wie groß bei Aulus Atilius Calatinus. Ihm ist ja die bekannte Grabinschrift gewidmet:

»Dass dieser eine der erste Mann seines Volkes war, darin stimmen die meisten Völker überein.«

Man kennt das ganze Gedicht, das auf dem Grabmal eingemeißelt ist. Mit Recht ist also der angesehen, den alle einstimmig gelobt haben. Welch eine Persönlichkeit haben wir jüngst mit Publius Crassus [Dives], dem Oberpriester, erlebt, welche danach mit Marcus Lepidus, der das gleiche Priesteramt innehatte! Was soll ich noch von Paulus oder Africanus reden, oder wie vorher schon von Fabius Maximus? Nicht nur in ihrer Meinungsäußerung, schon in ihrer bloßen Gebärde zeigte sich ihre Autorität. Zumal wer Ämter bekleidet hat, besitzt im Alter solche Autorität, dass sie mehr wert ist als alle Genüsse der Jugend.

18. Bei all dem, was ich sage, sollt ihr aber daran denken, dass ich ein Alter lobe, das auf Fundamenten ruht, die in der Jugend gelegt wurden. Daraus ergibt sich das, was ich einmal unter lebhafter Zustimmung aller sagte: Ein Alter, das sich mit bloßen Worten seine Stellung sichern muss, ist beklagenswert. Mit grauen Haaren und Runzeln kann man sich nicht von jetzt auf gleich Ansehen verschaffen, vielmehr erntet ein schon früher in Ehren geführtes Leben am Ende das Ansehen als seine Früchte. Gerade die Dinge nämlich, die scheinbar unwichtig und alltäglich sind, bedeuten eine Ehre. Dass man uns grüßt und uns die Hand küsst, uns Platz macht und vor uns aufsteht, dass man uns von zu Hause abholt und nach Hause begleitet und uns um Rat fragt: Das sind alles Bräuche, die bei uns und in anderen Staaten umso sorgfältiger beachtet werden, je besser dort die Gesittung ist. Der Spartaner Lysander, den ich vorhin erwähnte, soll gesagt haben, Sparta sei für alte Menschen der ehrenvollste Wohnort. Nirgendwo wird nämlich dem Alter so viel Respekt erwiesen, nirgendwo wird es mehr geehrt. Es wird ja sogar Folgendes überliefert: In

Athen kam ein hochbetagter Besucher zu den Festspielen ins Theater, und ihm wurde in der ganzen großen Versammlung von seinen Mitbürgern nirgendwo ein Platz freigemacht. Als er aber zu den Spartanern kam, die als Gesandte auf reservierten Plätzen saßen, da erhoben diese sich allesamt und ließen den Greis Platz nehmen. Als ihnen vom ganzen Publikum vielfach Beifall gespendet wurde, sagte einer von ihnen, die Athener wüssten zwar, was sich gehört, sie seien aber nicht bereit, es auch zu tun.

In eurem Augurenkollegium[65] ist vieles großartig eingerichtet, aber das, was wir hier behandeln, ganz besonders, dass nämlich jeweils der Ältere den Vorrang bei der Stimmabgabe besitzt und dass ältere Auguren nicht nur denen vorangehen, deren Amt von höherem Rang ist, sondern auch Inhabern der höchsten Befehlsgewalt. Welche leiblichen Genüsse sind da mit den Vorzügen des Ansehens zu vergleichen? Wer sie in Glanz und Ehre genossen hat, der hat, wie mir scheint, die Rolle seines Lebens erfolgreich bis zum Ende gespielt und ist nicht wie ein ungeübter Schauspieler im letzten Akt zusammengebrochen.

›Aber die Alten sind mürrisch, misstrauisch, jähzornig und verdrießlich.‹ Sie sind, wenn wir noch weiter suchen wollen, auch geizig. Aber das sind Fehler des Charakters, nicht des Alters. Doch gibt es für das mürrische Wesen und die genannten Fehler eine Art von Entschuldigung, zwar keine, die sie rechtfertigt, aber eine, die man in gewisser Weise gelten lassen kann. Diese Alten fühlen sich nämlich gering geschätzt, verachtet und verspottet. Außerdem ruft bei einem gebrechlichen Körper jeder Anstoß Verärgerung hervor. Das alles wird indessen gemildert durch gute Sitten und ein gebildetes Benehmen. Das kann man im Leben wie auch auf der Bühne sehen, und zwar an den beiden Brüdern in den *Adelphen.*[66] Wie griesgrämig ist der eine, wie freundlich der andere! Ja, so ist es eben: Wie nicht jeder Wein durch das Alter sauer wird, so wird es auch nicht jeder Charakter. Strenge im Alter lasse ich mir gefallen, doch wie bei anderen Dingen nur in Maßen, ein verbittertes Wesen billige ich keinesfalls. Was aber Geiz im Alter soll, das begreife ich nicht. Was kann denn unsinniger sein, als desto mehr Reisegeld haben zu wollen, je kürzer der Reiseweg ist?

19. Es bleibt der vierte Punkt, der Menschen unseres Alters am meisten zu ängstigen und zu beunruhigen scheint: das Nahen des Todes, der im Alter gewiss nicht weit entfernt sein kann. Wie bedauernswert ist aber doch ein alter Mensch, wenn er in einem so langen Leben nicht erkannt hat, dass man sich über den Tod keine besonderen Gedanken machen muss! Denn entweder kann er uns ganz gleichgültig sein, wenn er nämlich die Seele völlig auslöscht, oder er ist sogar zu wünschen, wenn er die Seele an einen Ort führt, wo ihr ewiges Leben beschieden ist. Eine dritte Möglichkeit ist doch gewiss nicht ausfindig zu machen.[67] Was soll ich also fürchten, wenn es mir bestimmt ist, nach dem Tod entweder nicht unglücklich oder sogar glückselig zu sein? Wer aber, selbst ein noch so Junger, kann so töricht sein, felsenfest zu glauben, er werde bis zum Abend leben? In dieser Altersstufe gibt es sogar noch viel mehr Todesfälle als in der unseren.[68] Junge Leute werden leichter krank, ihre Krankheiten sind schwerer, und ihre Behandlung führt eher zu Niedergeschlagenheit. Deswegen erreichen nur wenige das Greisenalter. Wenn das nicht so wäre, dann ginge es im Leben besser zu und vernünftiger. Denn Vernunft, Klugheit und guter Rat, das findet sich bei den Grei-

sen; wären sie nicht gewesen, hätten die Staaten gar keinen Bestand gehabt. Doch ich komme auf den drohend bevorstehenden Tod zurück. Wie kann man dem Alter anlasten, was es doch, wie ihr seht, mit der Jugend gemeinsam hat? Ich habe es bei meinem tüchtigen Sohn erlebt, du, Scipio, bei deinen Brüdern, die man schon in Ämtern von höchstem Rang sah: Der Tod ist allen Altersstufen gemeinsam. ›Ein junger Mensch hofft aber, noch lange zu leben, was ein Greis nicht ebenso erhoffen kann.‹ Da hofft er aber reichlich unüberlegt. Was ist denn weniger unvernünftig, als Ungewisses für gewiss und Falsches für wahr zu halten? ›Ein alter Mensch hat aber nicht einmal etwas, worauf er hoffen kann.‹ Er ist aber doch besser dran als der Junge: Der Alte hat das schon erreicht, was sich der Junge nur erhofft. Der eine will lange leben, der andere hat schon lange gelebt. Freilich, ihr guten Götter, was heißt im Menschenleben schon lange? Angenommen, dass wir im Höchstfall die Lebenszeit des Königs von Tartessos erwarten können – es lebte nämlich, wie ich gelesen habe, in Gades ein gewisser Arganthonios, der achtzig Jahre regierte und hundertzwanzig Jahre lang lebte. Mir scheint jedoch überhaupt nichts lang, bei dem es ein Ende gibt. Wenn das nämlich herangekommen ist, dann ist das Vergangene dahin. Es bleibt nur so viel übrig, wie man durch Tüchtigkeit und rechtes Handeln erreicht hat. Die Stunden und Tage, die Monate und Jahre verrinnen, die vergangene Zeit kehrt nie zurück, und was noch kommt, kann man nicht wissen. Man muss jeweils mit dem zufrieden sein, was einem an Zeit zum Leben vergönnt ist. Ein Schauspieler muss ja auch nicht bis zum Ende des Stückes auf der Bühne stehen, um zu gefallen, wenn er nur in dem Akt, in dem er auftritt, Beifall findet.

Ebenso wenig hat es ein Weiser nötig, bis zum Schlussapplaus zu kommen. Denn für ein gutes und anständiges Leben ist auch eine kurze Lebensdauer lang genug. Wenn es aber doch länger dauert, braucht man dies nicht mehr zu bedauern, als etwa ein Bauer es bedauert, dass auf die holde Frühlingszeit Sommer und Herbst gefolgt sind. Der Frühling nämlich bedeutet gewissermaßen die Jugend und verheißt künftige Früchte, die übrigen Jahreszeiten aber sind zum Ernten und Einbringen der Früchte da. Die Frucht des Alters aber ist, wie ich schon oft gesagt habe, die Erinnerung an das früher erworbene Gute in all seiner Fülle.

Dem Guten aber ist alles zuzurechnen, was der Natur gemäß ist. Was ist aber so naturgemäß wie das Sterben alter Menschen? Bei den Jungen geschieht das im Widerspruch und Gegensatz zur Natur. Das Sterben junger Menschen kommt mir daher vor, als ob die Gewalt der Flamme von der Flut des Wassers erstickt wird, das der Alten aber so, wie wenn ein Feuer, das sich aufgezehrt hat, ohne äußere Gewalt von selbst erlischt. Und wie das Obst sich, wenn es noch unreif ist, kaum vom Baum abreißen lässt, wenn es voll ausgereift ist, aber von selbst abfällt, so nimmt den jungen Menschen Gewalt das Leben, den alten aber die Reife. Und sie ist mir freilich so angenehm, dass, je näher ich dem Tode komme, ich umso mehr den Eindruck habe, ich sehe gleichsam Land und komme nach langer Seefahrt endlich in den Hafen.

20. Dem Alter aber ist keine bestimmte Grenze gesetzt, und man lebt in ihm richtig, solange man imstande ist, seine Aufgaben pflichtgemäß zu erfüllen und für sich zu sorgen, ohne sich dabei um den Tod zu bekümmern. Daher kommt es, dass die Alten sogar noch beherzter und tapferer

sind als die Jungen. Das ist der Sinn der Antwort, die Solon dem Tyrannen Peisistratos gab. Als der ihn fragte, worauf er sich denn in seinem kühnen Widerstand ihm gegenüber stütze, soll er geantwortet haben: »Auf mein Alter.« Ein Leben findet aber dann das beste Ende, wenn, solange man noch bei klarem Verstand ist und seine Sinne beisammen hat, die Natur selbst, die ihr Werk zusammengefügt hat, es auch wieder auflöst. Wie ein Schiff, wie ein Gebäude am leichtesten von dem, der es gebaut hat, auch wieder abgebaut wird, so löst den Menschen am besten die Natur, die ihn zusammenfügte, auch wieder auf. Nun wird ja alles neu Zusammengeleimte nur mit Mühe, das Altgewordene jedoch mit Leichtigkeit wieder getrennt. Daraus folgt, dass alte Menschen sich weder gierig an jenen kurzen Lebensrest klammern noch ihn ohne Grund aufgeben dürfen. Pythagoras verbietet auch, ohne Befehl des Feldherrn, das heißt Gottes, von seinem Posten und Standort im Leben zu weichen.[69] Es gibt ein Gedicht des weisen Solon, worin er erklärt, er wolle nicht sterben, ohne dass seine Freunde Schmerz empfänden und um ihn klagten. Er will, so glaube ich, den Seinen teuer sein. Vielleicht sind aber die Worte des Ennius besser:

> »Niemand zolle mir Tränen, und keiner bestatte mich klagend.«[70]

Er meint, man solle einen Tod nicht betrauern, auf den die Unsterblichkeit folgt.

Nun gibt es möglicherweise irgendeine Empfindung beim Sterben, aber doch nur für kurze Zeit, zumal bei einem alten Menschen; nach dem Tod jedoch gibt es entweder nur eine wünschenswerte Empfindung oder gar keine. Man sollte sich aber von Jugend auf darauf einstellen, sich keine Gedanken um den Tod zu machen, sonst kann niemand im Innern ruhig sein. Denn sterben muss man, das ist gewiss, ungewiss ist nur, ob man es nicht bereits am heutigen Tage muss. Wie könnte also jemand innerlich gefestigt sein, wenn er sich vor dem Tod fürchtet, der zu jeder Stunde droht?

Darüber muss man wohl gar nicht lange diskutieren; ich brauche dabei nicht an Lucius Brutus zu denken, der bei der Befreiung des Vaterlandes den Tod fand, nicht an die beiden Decier[71], die ihren Pferden zum Ritt in den selbst gewählten Tod die Sporen gaben, nicht an Marcus Atilius [Regulus], der sich auf den Weg zu seiner Hinrichtung machte, um sein dem Feind gegebenes Wort zu halten, nicht an die beiden Scipionen, die den Puniern selbst mit ihren Leibern den Weg versperren wollten, nicht an deinen Großvater Lucius Paulus, der für die Unbesonnenheit seines Kollegen bei der Schmach von Cannae mit dem Tod büßte, nicht an Marcus Marcellus, dem nicht einmal der grausamste Feind nach seinem Tode die Ehre der Bestattung versagte, ich denke vielmehr daran, dass unsere Legionen, wie ich in meinen *Ursprungsgeschichten* schrieb, sich voller Mut und Begeisterung zu einem Ort aufmachten, von dem sie sich keine Rückkehr erwarten konnten.[72] Was also junge Menschen, und zwar nicht nur solche ohne höhere Bildung, sondern sogar einfache Bauern verachten, davor sollen sich gelehrte Greise fürchten? Überhaupt bringt, jedenfalls nach meinem Eindruck, die Sättigung sämtlicher Wünsche und Neigungen auch das Gefühl mit sich, vom Leben gesättigt zu sein. Es gibt bestimmte Neigungen des Kindesalters. Sind sie etwa den jungen Leuten noch wichtig? Es gibt Vorlieben der frühen Jugend. Vermisst man sie etwa im reiferen Alter, in den sogenannten mittleren Jahren? Es gibt auch Neigungen dieser Altersstufe. Selbst nach denen verlangt man nicht mehr im Alter. Dann gibt es schließlich bestimmte Liebhabereien des Alters. Doch wie die Neigungen früherer Altersstufen, so werden auch die des Greisenalters hinfällig. Wenn das geschieht, dann bringt eine Lebenssattheit die Zeit mit sich, die reif ist für den Tod.

21. Ich sehe nicht ein, warum ich es mir nicht erlauben sollte, euch meine eigene Ansicht über den Tod vorzutragen, meine ich doch, ich erkenne ihn umso klarer, je näher ich ihm komme. Was eure Väter betrifft, Scipio und Laelius, hochberühmte Männer und mir eng befreundet, so glaube ich, dass sie leben, und zwar in dem Sinne, der allein als Leben zu bezeichnen ist. Solange wir nämlich im Gefüge unseres Körpers eingeschlossen sind, erfüllen wir gewissermaßen eine notwendige Aufgabe und leisten eine schwere Arbeit. Die Seele, die vom Himmel stammt, ist ja von ihrem Wohnsitz hoch droben verdrängt und gleichsam auf die Erde hinabgesunken, an einen Ort, der geradezu der Gegenpol ihrer göttlichen und ewigen Natur ist. Aber die unsterblichen Götter haben, wie ich glaube, die Seelen in menschliche Körper eingepflanzt, damit es Wesen gibt, die die Länder der Erde in ihre Obhut nehmen und im Blick auf die Ordnung der himmlischen Welt in einem Leben mit Maß und Ziel und festen Grundsätzen diese Ordnung nachbilden.[73] Zu dieser Überzeugung brachten mich nicht nur eigenes Nachdenken und Erörtern, sondern auch der Ruhm der bedeutendsten Philosophen und die Autorität

ihrer Lehrmeinungen. Wie ich hörte, haben Pythagoras und die Pythagoreer – beinahe Landsleute von uns, da sie einst als italische Philosophen bezeichnet wurden – nie daran gezweifelt, dass wir Seelen hätten, die aus der göttlichen Weltseele stammen. Man wies mich außerdem auf das hin, was Sokrates – er, nach dem Orakel Apollons doch der Weiseste von allen – am letzten Tag seines Lebens über die Unsterblichkeit der Seele gelehrt hat.[74] Was soll ich noch viele Worte machen? Das ist meine Überzeugung, das meine Meinung: Da die Seelen über eine solche geistige Regsamkeit verfügen, so viel Erinnerungsvermögen besitzen an Vergangenes, einen klugen Vorausblick auf Zukünftiges, so viele Fähigkeiten, so bedeutende Kenntnisse, so zahlreiche Erfindungen – da kann doch ihr Wesen, das all dieses umfasst, nicht sterblich sein. Und da die Seele ständig in Bewegung ist und keinen Anfang der Bewegung kennt, weil sie sich selbst bewegt, wird es für sie auch kein Ende der Bewegung geben, weil sie sich selbst niemals verlassen wird, und da das Wesen der Seele einfach ist und keine ihr ungleiche und unähnliche Beimengung enthält, kann sie auch nicht geteilt werden, und da sie unteilbar ist, kann sie auch nicht vergehen. Es hat auch große Beweiskraft, dass die Menschen das meiste schon vor ihrer Geburt wissen: Sie eignen sich nämlich schon als Kinder beim Erlernen schwieriger Fertigkeiten zahllose Dinge so rasch an, dass es den Anschein hat, sie lernten das nicht erst jetzt, sondern riefen es sich nur ins Gedächtnis und in Erinnerung. Das etwa sind die Worte Platons.[75]

22. Bei Xenophon aber sagt Kyros der Ältere in seiner Todesstunde Folgendes:[76] »Glaubt nicht, ihr meine liebsten Söhne, dass ich, wenn ich von euch geschieden bin, nir-

gendwo oder gar nicht mehr sein werde. Ihr habt ja meine Seele auch nicht gesehen, solange ich bei euch war. Ihr erkanntet nur aus meinem Tun, dass sie in diesem Körper ist. Glaubt also, dass sie auch weiterexistiert, wenn ihr nichts von ihr seht. Die Ehrungen berühmter Männer würden auch nicht nach ihrem Tod noch fortdauern, wenn ihre Seelen nicht eine eigene Wirkung ausüben würden, durch die wir die Erinnerung an sie noch länger bewahren. Ich habe mich jedenfalls nie davon überzeugen lassen, dass die Seelen lebten, solange sie im sterblichen Körper seien, aber vergingen, wenn sie diesen verlassen hätten. Doch auch das wollte mir nicht einleuchten, dass die Seele dann ihr Bewusstsein eingebüßt habe, wenn sie den bewusstlosen Körper verlassen habe. Vielmehr meine ich, dass sie nun erst, wenn sie von jeder körperlichen Beimengung befreit, rein und lauter ist, wahrhaft weise werden kann. Auch ist es, wenn die Natur den menschlichen Körper auflöst, deutlich, wohin die einzelnen Bestandteile gehen; es kehrt nämlich alles dorthin zurück, wo es entstanden ist. Die Seele allein tritt nicht in Erscheinung, weder wenn sie da ist, noch wenn sie verschwunden ist. Ihr seht doch ferner, dass nichts dem Tod so ähnlich ist wie der Schlaf; nun zeigt sich aber an den Seelen der Schlafenden am deutlichsten ihr göttliches Wesen, denn dann, wenn sie entspannt und frei sind, sehen sie vielfach Zukünftiges voraus. Daran kann man erkennen, wie sie sein werden, wenn sie sich erst völlig aus den Fesseln ihrer Körperlichkeit gelöst haben. Darum sollt ihr mich, wenn das so ist, wie einen Gott verehren«, sagte Kyros. »Wenn es der Seele aber bestimmt ist, gemeinsam mit dem Körper zu vergehen, werdet ihr doch aus ehrfürchtiger Scheu vor den Göttern, die dieses schöne Weltall schirmen und leiten, die Erinnerung an mich mit frommem Sinn und unantastbar bewahren.« So sprach jedenfalls Kyros in seiner Todesstunde. Wir aber wollen, wenn es euch recht ist, das Thema von uns aus behandeln.

Niemand wird mich je davon überzeugen können, Scipio, dein Vater Paulus oder deine beiden Großväter Paulus und Africanus oder der Vater des Africanus oder sein Onkel oder so viele hervorragende Männer, die ich nicht aufzuzählen brauche, hätten so Großes unternommen, das im Gedächtnis der Nachwelt weiterlebt, wenn sie nicht zu der Erkenntnis gekommen wären, es könne eine Verbindung zwischen ihnen und der Nachwelt geben. Oder glaubst du etwa – um auch mich selbst nach Art alter Leute ein wenig zu rühmen –, ich hätte solche Mühen bei Tag und Nacht, im Frieden und im Krieg auf mich genommen, wären meinem Ruhm die gleichen Grenzen wie meinem Leben bestimmt?[77] Wäre es da nicht viel besser gewesen, die Lebenszeit in Ruhe und Muße ohne irgendwelche Mühen und Plagen zu verbringen? Aber meine Seele schwang sich unwillkürlich empor und blickte immer so auf die Nachwelt voraus, als wäre es ihr bestimmt, erst dann zu leben, wenn sie aus dem Leben geschieden sei.[78] Wäre es nicht so, dass die Seelen unsterblich sind, dann würden nicht gerade die Seelen der Besten am meisten nach Unsterblichkeit im Ruhm streben.

Was bedeutet es, dass gerade die größten Weisen in höchstem Gleichmut sterben, die größten Toren aber mit dem höchsten Widerwillen? Scheint euch nicht eine Seele, die mehr wahrnimmt und weiter blickt, eher zu sehen, dass sie zu einer besseren Welt aufbricht, während eine Seele mit weniger Weitblick das nicht sieht? Ich jedenfalls fühle mich erhoben von dem Verlangen, eure Väter zu sehen, die ich verehrte und liebte; doch ich möchte nicht nur denjenigen begegnen, die ich selbst kannte, sondern gerne auch denen, über die ich gehört, gelesen und selbst geschrieben habe.[79] Wenn ich dorthin aufbreche, dürfte mich jedenfalls keiner so leicht davon abhalten oder wie Pelias in einem Kochkessel verjüngen.[80] Und sollte mir ein Gott die Gunst gewähren, aus diesem Lebensalter heraus wieder ein Kind zu werden und in der Wiege zu wimmern, so würde ich mich nachdrücklich weigern: Ich wollte wirklich nicht, wenn ich sozusagen den Lauf vollendet habe, vom Ziel wieder an den Start zurückgerufen werden. Was hat denn das Leben Vorteilhaftes zu bieten? Ist es nicht eher Mühseliges? Aber mag es durchaus Angenehmes bieten, es bietet doch sicher auch ein Gefühl der Sättigung oder des rechten Maßes. Mir liegt es nicht, das Leben überhaupt zu beklagen, wie es viele, und zwar gelehrte Männer oft getan haben;[81] ich bereue es nicht, gelebt zu haben, denn ich habe so gelebt, dass ich meine, nicht umsonst auf die Welt gekommen zu sein. Und ich scheide aus dem Leben wie aus einer Herberge, nicht wie aus einem Haus. Eine Unterkunft zum vorübergehenden Verweilen hat uns die Natur gegeben, keinen Wohnsitz für immer. Wie herrlich wird der Tag sein, an dem ich mich zu jener göttlichen Versammlung und Gemeinschaft der Seelen aufmache und aus diesem Gewühl und Gedränge scheide.[82] Dann breche ich ja nicht nur zu den Männern auf, von denen ich vorhin gesprochen habe, sondern auch zu meinem Cato, dem besten Mann, dem treuesten Sohn, der je geboren wurde. Ich musste seinen Leichnam verbrennen, während er doch umgekehrt mir diesen Dienst hätte erweisen müssen. Seine Seele aber hat mich nicht verlassen, sie hielt gewiss den Blick auf mich gerichtet, als sie in jene Gefilde entschwunden ist, in die ich, so wusste sie, ebenfalls kommen werde. Ich habe diesen Schicksalsschlag standhaft ertragen, so konnte man sehen, aber nicht als ob ich es gleichgültig ertragen hätte, vielmehr tröstete ich mich selbst mit dem Gedanken, dass es keine lange Trennung und Entfernung zwischen uns geben werde.[83]

Aus diesen Gründen, Scipio – denn du sagtest ja, darüber wunderst du dich mit Laelius immer wieder –, ist mir das Alter leicht, keineswegs beschwerlich, sondern sogar angenehm. Wenn ich mich aber darin irre, dass ich an die Unsterblichkeit der Seele glaube, so irre ich mich gern und will mir diesen Irrtum, an dem ich meine Freude habe, solange ich lebe, nicht entwinden lassen. Wenn ich im Tode jedoch, wie so einige Philosophen der minderen Sorte meinen, keine Empfindung mehr habe, dann brauche ich auch nicht zu befürchten, dass tote Philosophen sich über diesen meinen Irrtum lustig machen.[84] Wenn es uns aber nicht bestimmt ist, unsterblich zu sein, ist es für einen Menschen doch wünschenswert, dass sein Lebenslicht, wenn es an der Zeit ist, ausgelöscht wird. Denn die Natur kennt, wie in allen anderen Dingen, so auch im Menschenleben ein rechtes Maß. Das Alter aber ist gewissermaßen der letzte Akt eines Theaterstücks, bei dem wir durchhalten müssen, zumal er ja die Erfüllung mit sich bringt.

Das war es, was ich über das Alter zu sagen hatte. Ich wünsche euch, dass ihr es erreicht, damit ihr das, was ihr von mir gehört habt, durch eigene Erfahrung bestätigen könnt!

Scipios Traum

(*Somnium Scipionis* aus *De re publica*)

(Scipio beginnt)

9. »Ich war nach Africa gekommen, um, wie ihr wisst, unter dem Kommando des Konsuls Manius Manilius als Militärtribun bei der vierten Legion meinen Dienst zu tun. Da war es für mich gleich das Erste, den König Masinissa [von Numidien] aufzusuchen, der mit unserer Familie aus guten Gründen eng befreundet war. Gleich bei meinem Kommen umarmte mich der Greis, brach in Tränen aus, blickte nach einer Weile zum Himmel empor und sagte: ›Dank sage ich dir, erhabener Sonnengott und auch euch, ihr anderen himmlischen Götter, dass ich, bevor ich aus diesem Leben scheide, in meinem Reich und unter diesem Dach den Publius Cornelius Scipio erblicken darf. Sein Name allein belebt mich neu, denn niemals schwindet aus meinem Herzen die Erinnerung an diesen ausgezeichneten, nie besiegten Mann.‹[85] Hierauf befragte ich ihn über sein Königreich, er mich über unser Staatswesen, und unter regem gegenseitigen Austausch verging uns der Tag.

10. Dann wurde ich an der königlichen Tafel bewirtet, und wir dehnten unser Gespräch bis weit in die Nacht hinein aus, wobei der Greis nur von Africanus sprach und sich nicht nur an alle seine Taten, sondern auch an seine Worte erinnerte. Als wir uns dann getrennt hatten, um zur Ruhe zu gehen, fiel ich in einen tieferen Schlaf als gewöhnlich; ich war ja müde von der Reise und bis in die späte Nacht hinein wach geblieben. Da nun – ich glaube jedenfalls, es war wegen des Gesprächs, das wir geführt hatten, es kommt ja öfter vor, dass unsere Gedanken und Gespräche

im Traum dann etwas Derartiges hervorbringen. So berichtet Ennius von einer Erscheinung Homers[86], über den er natürlich sehr oft im Wachen nachzudenken und zu sprechen pflegte – also es zeigte sich mir Africanus in der Gestalt, die mir von seinem Bildnis her vertrauter war als aus meiner eigenen Erinnerung an seine Person. Als ich ihn erkannte, packte mich ein Schauder, er aber sprach: ›Fasse Mut und hab keine Angst, Scipio, und präge deinem Gedächtnis ein, was ich dir sage.

11. Siehst du dort die Stadt, die durch mich gezwungen worden ist, dem römischen Volk zu gehorchen und die nun die früheren Kriege wieder aufnehmen will und keine Ruhe halten kann?‹ Und er zeigte auf Karthago von einem hohen, sternenbesäten, lichten und strahlenden Ort aus. ›Um sie zu bestürmen, kommst du nun hierher, fast noch ein einfacher Soldat. Binnen zwei Jahren aber wirst du sie als Konsul zerstören, und du wirst dir durch deine eigene Leistung den Beinamen [Africanus] zu eigen machen, den du bis jetzt noch als ein Erbstück von mir trägst. Hast du aber Karthago zerstört, den Triumph gefeiert, das Amt des Zensors verwaltet, als Gesandter Ägypten, Syrien, Kleinasien, Griechenland bereist, dann wirst du in Abwesenheit zum zweiten Mal zum Konsul gewählt werden, den größten Krieg beenden und Numantia zerstören. Aber wenn du auf dem Triumphwagen zum Kapitol hinaufgefahren bist, wirst du den Staat in Unruhe gestürzt finden durch die Pläne eines meiner Enkel.[87]

12. Da wird es deine Pflicht sein, Africanus, dem Vaterland das Licht deines Geistes leuchten zu lassen, mit deiner politischen Klugheit und deinem Rat. Doch sehe ich voraus, wie sich zu diesem Zeitpunkt dein Schicksalsweg ga-

belt. Wenn nämlich deine Lebenszeit achtmal sieben Kreise und Umläufe der Sonne durchmessen hat und diese beiden Zahlen, von denen jede aus besonderem Grund für vollkommen gilt, in einer natürlichen Kreisbewegung die dir vom Schicksal bestimmte Summe erfüllt haben, dann wird sich zu dir allein und zu deinem Namen die gesamte Bürgerschaft hinwenden. Auf dich wird der Senat schauen, auf dich werden alle Gutgesinnten, auf dich die Bundesgenossen, auf dich die Latiner blicken. Auf dir allein wird das Heil des Staates ruhen. Um es kurz zu sagen: Als Diktator[88] musst du das Staatswesen auf eine feste Grundlage stellen – wenn du den frevelhaften Händen deiner Verwandten entronnen bist.‹«

Als hier Laelius laut auffuhr und die Übrigen tief seufzten, sagte Scipio mit leisem Lächeln: »Pst! Ich bitte euch, weckt mich nicht aus dem Schlaf und hört noch ein Weilchen zu.

13. [Der ältere Scipio fuhr fort:] ›Doch damit du, Africanus, dich noch eifriger einsetzt für den Schutz des Staates, sollst du Folgendes wissen: Allen, die das Vaterland bewahrt, unterstützt, gefördert haben, ist im Himmel ein sicherer Platz bestimmt, wo sie glückselig ein ewiges Leben genießen. Es gibt nämlich nichts, was dem höchsten Gott, der das ganze Weltall regiert, von allem irdischen Geschehen willkommener wäre als die Versammlungen und die Zusammenkünfte von Menschen, die durch das Recht zu einer Gemeinschaft verbunden sind, was man Staaten nennt. Deren Lenker und Erhalter gehen von hier aus und kehren hierher wieder zurück.‹

14. Ich war zwar recht erschrocken, nicht so sehr aus Furcht vor dem Tod, als vielmehr wegen der Anschläge

meiner eigenen Verwandten, dennoch fragte ich nun, ob er, Africanus, denn lebe und mein Vater Paulus und die anderen, die wir für tot hielten. ›Aber ja‹, entgegnete er, ›die alle leben, die aus den Fesseln des Leibes gleichsam wie aus einem Gefängnis entflohen sind.[89] Was ihr aber Leben nennt, ist in Wirklichkeit Tod. Aber warum schaust du nicht zu deinem Vater Paulus hin, der da auf dich zukommt?‹ Als ich ihn erblickte, vergoss ich einen Strom von Tränen, er aber umarmte und küsste mich und hieß mich nicht länger weinen.

15. Und sobald ich meine Tränen zurückgedrängt und meine Sprache wiedergewonnen hatte, rief ich aus: ›Ehrwürdigster und bester Vater, wenn dies dort das wahre Leben ist, wie ich von Africanus vernehme, warum, ich bitte dich, verweile ich dann noch auf der Erde? Warum komme ich nicht auf schnellstem Wege zu euch?‹ – ›So ist es nicht‹, sagte Paulus. ›Nur wenn dich der Gott, dessen Tempel das All ist, das du erblickst, aus den Fesseln des Körpers da befreit hat, kann dir der Zugang hierher offen stehen. Die Menschen sind nämlich unter dem Gesetz geschaffen, dass sie diesen Globus, den du in der Mitte dieses Weltentempels siehst und der Erde genannt wird, schützen und hegen sollen. Es wurde ihnen ein Geist geschenkt als göttlicher Funke von diesen ewigen Feuern, die ihr Sternbilder und Gestirne nennt und die als kugelförmige, runde Gebilde, mit göttlichem Geist beseelt, ihre Kreisbahnen und Umläufe mit wundersamer Schnelligkeit durchlaufen. Darum musst du, Publius, wie alle Frommen die Seele in der Haft des Körpers halten, und man darf nicht ohne Geheiß dessen, der euch die Seele gegeben hat, aus dem Leben der Menschen davonwandern. Sonst sieht es so aus, als hättet

ihr euch eurer menschlichen Aufgabe entzogen, die der Gott euch zugewiesen hat.

16. Mache es vielmehr so, Scipio, wie dein Großvater hier, wie ich selbst, der dich gezeugt hat: Übe Gerechtigkeit und fromme Gesinnung.[90] Diese Verpflichtung ist groß gegenüber den Eltern und Verwandten, aber am größten gegenüber dem Vaterland. Ein solches Leben ist der Weg zum Himmel und in die Gemeinschaft derer hier, die ihr Leben schon vollendet haben und vom Körper gelöst jenen Ort bewohnen, den du siehst‹ – es war dies aber ein Kreis, der von Flammen umgeben in hellstem Glanz strahlte –, ›ihr nennt ihn mit dem Namen, den ihr von den Griechen übernommen habt, die Milchstraße.‹ Hierauf betrachtete ich alles, und es erschien mir auch das Übrige herrlich und wunderbar. Es gab dort aber Sterne, wie wir sie noch nie von unserer Erde aus gesehen haben, alle von solcher Größe, wie wir es uns niemals haben vorstellen können. Der Kleinste unter ihnen war derjenige, der, als Fernster vom Himmel aus, als Nächster von der Erde her, in erborgtem Licht leuchtete.[91] Die anderen Himmelskörper aber übertrafen die Erde bei weitem an Größe. Ja mir erschien die Erde dermaßen klein, dass ich den Kopf schütteln musste über unser Reich, mit dem wir gleichsam nur einen Punkt auf ihr berühren.

17. Als ich aber immer weiter darauf hinschaute, sagte Africanus: ›Wie lange, ich bitte dich, wird denn dein Geist noch an die Erde geheftet bleiben? Siehst du nicht, in welch weite Bereiche du gekommen bist? Aus neun Kreisen oder besser gesagt Sphären ist, so musst du wissen, das All zusammengefügt. Eine davon ist die Sphäre des Firmaments; es ist die äußerste, die alle übrigen umfasst, und die als die

höchste Gottheit selbst die anderen ordnend zusammenhält. Hieran befestigt sind die ewig kreisenden Bahnen der Sterne. Unterhalb dieser Sphäre liegen die sieben Sphären, die rückwärts kreisen in entgegengesetzter Bewegung zur Himmelssphäre. Von diesen hat eine Sphäre jener Stern inne, den man auf Erden Saturn nennt. Darauf folgt der dem Menschengeschlecht günstige und heilbringende Glanz des Sterns, der Jupiter genannt wird. Sodann kommt der rötlich Strahlende, der für die Erde Schrecken bringt und den ihr Mars nennt. Hierauf nimmt darunter etwa den mittleren Bezirk der Sonnengott Sol ein, Führer, Herr und Lenker der übrigen Gestirne, Seele und ordnende Kraft des Weltalls, von solch gewaltiger Größe, dass er alles mit seinem Licht erleuchtet und erfüllt. Ihn begleiten wie Trabanten Venus und Merkur auf ihren verschiedenen Bahnen. Auf der untersten Kreisbahn dreht sich der Mond, von den Strahlen der Sonne entzündet. Unterhalb des Mondes aber gibt es nichts als nur noch Sterbliches und Vergängliches, außer den Seelen, die dem Menschengeschlecht als Gabe der Götter geschenkt worden sind. Oberhalb des Mondes aber ist alles ewig. Denn sie, welche die mittlere und die neunte Sphäre bildet, die Erde, bewegt sich nicht und ist ganz unten, und zu ihr wird jegliche Masse gezogen aufgrund ihrer eigenen Schwerkraft.‹

18. Ich betrachtete das alles mit Staunen, und nachdem ich mich gefasst hatte, sagte ich: ›Was ist das für ein Klang, der meine Ohren erfüllt, so gewaltig und so lieblich?‹ ›Das ist der Ton‹, entgegnete Africanus, ›der durch den Schwung und die Bewegung der Sphären selbst hervorgebracht wird, zusammengesetzt aus ungleichen, aber doch in einem bestimmten Verhältnis aufeinander abgestimmten Interval-

len.[92] Dieser Klang lässt, indem er die hohen mit den tiefen Tönen abstimmt, vielfältige Harmonien gleichmäßig ertönen. Denn solch ungeheure Bewegungen können nicht lautlos in Gang kommen, und die Natur bringt es mit sich, dass das jeweils Äußerste auf der einen Seite tief, auf der anderen aber hoch klingt. Deshalb bewegt sich jene oberste Kreisbahn des Fixsternhimmels, deren Umdrehung schneller ist, mit einem hohen, durchdringenden Ton. Mit dem tiefsten aber bewegt sich die Mondbahn, die unterste hier, denn die Erde, die neunte in der Reihe, bleibt unbeweglich stets am selben Ort und nimmt die Mitte des Weltalls ein. Die acht Kreisläufe aber, von denen zwei den gleichen Klang besitzen, erzeugen sieben durch Intervalle getrennte Töne, die Zahl, die gleichsam Knotenpunkt aller Dinge ist.[93] Dies haben gelehrte Männer auf den Saiten von Instrumenten und im Gesang nachgeahmt und sich damit eine Rückkehr eröffnet zu diesem Ort, ebenso wie andere, die ihre überragenden Geistesgaben in ihrem menschlichen Leben auf die Erforschung des Göttlichen verwandten. Ständig erfüllt von diesen Tönen, sind die Ohren der Menschen dafür taub geworden. Kein anderer Sinn ist bei euch ja so abgestumpft wie das Gehör, wie es dort der Fall ist, wo der Nil von den höchsten Bergen herabstürzt zu den sogenannten Katadupa-Fällen. Das Volk, das in jener Gegend wohnt, hat durch das starke Rauschen das Gehör eingebüßt. Dieser Klang hier aber ist durch das überaus rasche Kreisen des ganzen Weltalls so gewaltig, dass ihn menschliche Ohren gar nicht fassen können. So könnt ihr ja auch nicht direkt in die Sonne blicken, deren Strahlenglanz stärker ist, als es euer Auge und euer Sehvermögen aushalten können.‹

19. Ich staunte zwar sehr über das alles, aber ich richtete meinen Blick doch immer wieder zur Erde. Da sagte Africanus: ›Ich merke, dass du auch jetzt noch den Sitz und die Heimstatt der Menschen betrachtest. Wenn sie dir nun so klein erscheint, wie sie es in Wirklichkeit auch ist, so blicke immer auf die himmlischen Erscheinungen und schätze die menschlichen Dinge gering. Was dich betrifft: Welche Berühmtheit im Munde der Menschen oder welchen erstrebenswerten Ruhm kannst du erlangen? Wie du siehst, ist die Erde nur an wenigen, engbegrenzten Stellen besiedelt, und selbst diese, sagen wir Flecken, die bewohnt sind, werden von weiten Einöden durchzogen. Und die Bewohner der Erde sind nicht nur so weit voneinander getrennt, dass nichts unter ihnen selbst von den einen zu den anderen dringen kann, sondern sie stehen teils schräg, teils quer, teils sogar andersherum zu euch. Von denen könnt ihr sicherlich keinen Ruhm erwarten.

20. Du siehst ferner, dass ebendiese Erde gleichsam von Gürteln umschlungen und umgeben ist. Die beiden Zonen, die am weitesten voneinander entfernt sind und die sich beiderseits auf die Pole des Himmelsgewölbes stützen, die sind, wie du siehst, in Frost und Eis erstarrt. Die mittlere und größte Zone aber wird von der Glut der Sonne ausgedörrt. Nur zwei Zonen sind bewohnbar, von denen die südliche dort, deren Bewohner eure Antipoden sind, keinerlei Verbindung mit euch Menschen hat. Und diese andere, gegen Norden gelegene Zone, die ihr bewohnt, sieh doch nur, welch ein schmaler Streifen davon nur für euch bleibt! Der gesamte Erdenbereich nämlich, der von euch bewohnt wird, verengt sich an den Polen, wird breiter an den Seiten und ist sozusagen nur eine kleine Insel, umflos-

sen von dem Meer, das ihr Erdenbewohner das Atlantische nennt, das Große, den Ozean, und das trotz seines großartigen Namens doch so klein ist – du siehst es.

Und hat selbst von diesen bewohnten und bekannten Ländern aus der Ruhm deines Namens oder der irgendeines anderen von uns den Kaukasus hier übersteigen oder den Ganges dort durchschwimmen können? Wer wird in den übrigen Gebieten, mögen sie am äußersten Rand der aufgehenden oder untergehenden Sonne, im Norden oder Süden liegen, deinen Namen hören? Trennst du nun all diese Gebiete ab, dann erkennst du wahrhaftig, in welch engem Raum sich euer Ruhm ausbreiten will. Und selbst diejenigen, die von uns reden – wie lange werden sie reden?

21. Ja nehmen wir einmal an, die künftigen Generationen wären bestrebt, in ununterbrochener Folge den Ruhm eines jeden von uns, den sie von ihren Vorfahren übernahmen, an ihre Nachfahren weiterzugeben. Selbst dann könnten wir keinen ewigen, nicht einmal einen lang andauernden Ruhm gewinnen, da naturgemäß in bestimmten Zeitabständen Sintfluten und Weltenbrände alles zerstören.[94] Was liegt eigentlich daran, dass die später Geborenen von dir reden, wenn es doch keiner von all denen tat, die vor dir geboren sind? Diese sind doch nicht weniger an Zahl und sicher bessere Menschen gewesen.

22. Und darüber hinaus kann selbst bei denen, die unseren Namen hören können, sich niemand ein rühmendes Andenken auch nur für ein einziges Jahr bewahren. Gewöhnlich messen die Menschen nämlich ein Jahr nach der Umlaufzeit der Sonne, das heißt eines einzigen Gestirns. In Wirklichkeit aber ist es so: Erst wenn alle Sterne wieder

an ihren Ausgangspunkt zurückgekehrt sind und nach langen Zeiträumen wieder dieselbe Konstellation am Himmel einnehmen, erst dann kann von einer wirklichen Jahreswende gesprochen werden. Wie viele Jahrhunderte und Menschenalter in einem solchen Weltenjahr[95] enthalten sind, das wage ich kaum auszudrücken. Einst schien sich ja den Menschen die Sonne zu verfinstern und zu erlöschen, damals, als die Seele des Romulus in diese Tempel Einzug hielt. So wird sich einmal die Sonne an demselben Punkt und zur selben Zeit abermals verfinstern. Und dann, das merke dir, dann erst ist mit der Rückkehr aller Sternbilder und Gestirne an denselben Ausgangspunkt ein Jahr erfüllt. Von diesem Jahr ist aber, musst du wissen, noch nicht einmal der zwanzigste Teil abgelaufen.

23. Wenn du daher die Hoffnung aufgibst, an diesen Ort hier zurückzukehren, in dem für große und bewährte Männer alle Erfüllung liegt, wie viel ist denn dann dieser Ruhm bei den Menschen wert, der kaum den winzigen Teil eines einzigen Jahres andauern kann? Willst du also deinen Blick nach oben richten und diesen Sitz und die ewige Heimstatt betrachten, dann darfst du dich nicht vom Gerede der Menge abhängig machen und deine Hoffnungen im Leben nicht auf die Belohnungen der Menschen setzen. Durch ihre eigenen Anreize soll dich die Tugend zum wahren, glanzvollen Ruhm hinführen. Was andere über dich reden, soll ihre Sache sein, reden werden sie ja doch. Aber all dies Gerede beschränkt sich auf die engen Grenzen dieser Räume hier, die du vor dir siehst. Es hat sich noch bei niemandem über ein Weltenjahr erhalten, es geht mit der Menschheit unter und erlischt im Vergessen der Nachwelt.‹

24. Auf diese Worte hin sagte ich: ›Da nun denen, die

sich ums Vaterland verdient gemacht haben, gleichsam ein Weg zur Pforte des Himmels offen steht, so will ich, Africanus – obwohl ich schon von früher Jugend an in die Fußstapfen meines Vaters und in die deinigen getreten bin und euch keine Unehre gemacht habe –, da solch ein hoher Preis ausgesetzt ist, erst recht noch unermüdlicher sein in meinem Bestreben.‹ Darauf Africanus: ›Ja, strenge dich an und sei gewiss, dass du nicht sterblich bist, sondern nur dein Körper da. Denn du bist nicht der, den diese äußere Gestalt darstellt. Vielmehr ist der Geist eines jeden Menschen sein eigentliches Selbst und nicht jenes Erscheinungsbild, auf das man mit dem Finger zeigen kann. Wisse also, dass du Gott bist, sofern Gott das ist, was lebt, empfindet, was sich erinnert, voraussieht und was den Körper, dem er gebietet, so regiert, lenkt und bewegt wie der höchste Gott dieses Weltall! Und wie diese Welt, die zu einem gewissen Teil sterblich ist, vom ewigen Gott bewegt wird, so bewegt den vergänglichen Körper die unvergängliche Seele.

25. Denn was sich immer selbst bewegt, ist ewig.[96] Was aber ein anderes in Bewegung setzt und was von anderswo angetrieben wird, muss notwendigerweise, wenn die Bewegung ein Ende hat, selber sein Ende finden. Allein das also, was sich selbst bewegt, hört niemals auf, sich zu bewegen, da es niemals von sich selbst verlassen wird. Ja auch für das Übrige, was sich bewegt, ist dies Ursprung und Ausgangspunkt, das Prinzip der Bewegung. Für das Prinzip aber gibt es keinen Ursprung, denn aus dem Prinzip geht alles hervor, während es selbst aber aus nichts anderem hervorgebracht werden kann. Es wäre ja kein Prinzip, wenn es aus etwas anderem entstünde. Wenn es aber niemals entsteht, so geht es auch niemals zugrunde. Denn ein Prin-

zip, das einmal aufgehört hat, kann nicht aus etwas anderem wieder entstehen, noch wird es etwas anderes aus sich erschaffen, sofern notwendigerweise aus dem Prinzip alles hervorgeht. So ergibt sich, dass das Prinzip der Bewegung aus dem entsteht, was durch sich selbst bewegt wird. Das kann aber weder geboren werden noch sterben, oder es würde zwangsläufig der ganze Himmel zusammenstürzen und die gesamte Natur zum Stillstand kommen und keine Kraft wiedererlangen, durch die sie einen ersten Anstoß erhielte und in Bewegung käme.

26. Es ist also offensichtlich so: Ewig ist, was sich selbst bewegt. Wer könnte dann aber leugnen, dass diese Wesenseigenschaft den Seelen gegeben ist? Unbeseelt ist nämlich alles, was durch einen Anstoß von außen angetrieben wird. Ein beseeltes Wesen aber bewegt sich durch einen inneren und eigenen Antrieb. Dies ist nämlich die eigentümliche Natur und Wesenskraft der Seele. Und wenn diese die einzige von allen Wesenheiten ist, die sich selbst bewegt, dann ist sie gewiss nicht entstanden und sie ist ewig.

Diese Kraft übe nun in den besten Bestrebungen! Das Beste aber ist das Bemühen um das Wohl des Vaterlandes. Die Seele, die sich davon hat antreiben lassen und sich darin geübt hat, wird sich noch schneller zu dieser Wohnstatt, in ihr eigentliches Zuhause, emporschwingen. Und sie wird dies umso rascher tun, wenn sie schon, noch eingeschlossen im Körper, nach außen strebt und sich bei der Betrachtung dessen, was außerhalb ihres Körpers ist, nach Kräften von ihm löst. Die Seelen derjenigen aber, die sich den Genüssen des Körpers überlassen, sich gleichsam zu ihren Dienern hergegeben haben und, dem Trieb der Leidenschaften und Genüsse hörig, göttliches und menschliches Recht verletzten, diese müssen, wenn sie den Körper verlassen haben, rings um die Erde kreisen. Sie kehren erst, nachdem sie viele Jahrhunderte umgetrieben worden sind, an diesen Ort zurück.‹[97]

Er verschwand, ich aber erwachte aus dem Schlaf.«

Anhang

Zu dieser Ausgabe

Die lateinischen Originaltitel der hier versammelten Texte lauten: *Laelius de amicitia* (»Laelius – Über die Freundschaft«); *Cato maior de senectute* (»Cato der Ältere – Über das Alter«); das *Somnium Scipionis* (»Scipios Traum«) ist ein Ausschnitt aus Ciceros Schrift *De re publica* (»Vom Staat«).

Die Übersetzungen beruhen auf folgenden lateinischen Textausgaben der Teubner-Edition:

M. Tullius Cicero: Scripta quae manserunt omnia.

Faszikel 47: Cato maior. Laelius. Rec. K. Simbeck. Leipzig 1917. ND Stuttgart 1971.

Faszikel 39: De re publica. Rec. K. Ziegler. Leipzig ^{7}1969. [»Scipios Traum«.]

Verglichen wurde auch die Oxford-Ausgabe: M. Tulli Ciceronis De re publica. De legibus. Cato maior de senectute. Laelius de amicitia. Rec. J. G. F. Powell. Oxford 2006.

Anmerkungen

1 Der junge Römer wurde, nachdem er mit 16 Jahren die *toga virilis*, die Männertoga, angelegt hatte, einem angesehenen Mann des öffentlichen Lebens zugeführt (*deductio*), der ihn unterweisen sollte und durch den er das politische Leben auf dem Forum und im Senat kennen lernte und zu dem er auch eine persönliche Bindung aufbaute. Cicero eignete sich bei Mucius Scaevola (s. Verzeichnis der Eigennamen) umfassende Rechtskenntnisse an.

2 Sokrates. Als die »Sieben Weisen« galten die frühgriechischen Philosophen Thales von Milet, Solon, Periander, Kleobulos, Chilon, Bias, Pittakos (auch andere Namen werden genannt). Sie gaben einen goldenen Dreifuß, der dem Weisesten der Griechen gehören solle, an Apollon von Delphi, dessen Orakel Sokrates als den Weisesten nannte.

3 Das philosophische Ideal der Autarkie, der Selbstgenügsamkeit des Weisen, besonders betont von den Stoikern wie von Seneca.

4 Der jeweils 7. oder 5. Monatstag. An diesem Termin versammelte sich das Priesterkollegium der Auguren (s. Verzeichnis der Eigennamen).

5 Nach der strengen Doktrin der Stoiker ist jeder Affekt abzulehnen, auch Trauer und Mitleid. Cicero wie auch Seneca sehen in einer solchen Haltung einen Mangel an Menschlichkeit (*humanitas*).

6 Scipio war 147 v. Chr. mit 38 Jahren zum ersten Mal Konsul; das vorgeschriebene Mindestalter war 43 Jahre. 134 v. Chr. war er zum zweiten Mal Konsul. Den schweren und langwierigen Krieg gegen die spanische Stadt Numantia hätte Scipio, so meint Laelius, bei einem früheren Konsulat schon eher siegreich beendet. Er zerstörte Numantia im Jahr 133, Karthago 146.

7 Die Bewohner der Landschaft Latium hatten den Status von *socii*, Bundesgenossen der Römer. Scipio setzte sich dafür ein, dass ihr Gebiet von der von den Gracchen geplanten Landenteignung ausgenommen wurde.

8 Die Epikureer. Die ersten Philosophen dieser Schule kamen 154 nach Rom. Vgl. *Gespräche in Tusculum* (*Tuskulanen*) 4,6 f. Epikur

hatte die Atomlehre des Demokrit übernommen, der zufolge die Seele aus leichten Atomen zusammengesetzt ist, die sich beim Tod auflösen und zerstreuen. Vgl. die Diskussion im 1. Buch der *Tuskulanen*. Die Ehrungen für die Toten ebd. 1,27.

9 Großgriechenland: das von den Griechen besiedelte Unteritalien. Hier hatte Pythagoras 509 in Kroton eine philosophische Schule begründet, zu der die Lehre von der Seelenwanderung gehörte. Vgl. *Tuskulanen* 1,38 f.

10 Ciceros Staatsschrift *De re publica – Vom Staat* mit dem *Somnium Scipionis*, Scipios Traumvision (6,9 ff.), hier S. 115–129.

11 Theseus und Peirithoos, Orestes und Pylades, Achilleus und Patroklos, Damon und Phintias (zu den beiden Letzteren vgl. Ciceros Pflichtenlehre *De officiis – Vom pflichtgemäßen Handeln* 3,45 und Schillers Ballade *Die Bürgschaft*: »Zu Dionys dem Tyrannen schlich Damon, den Dolch im Gewande […]«).

12 Es handelt sich um keine Gliederung im Sinne einer strengen Systematik. Laelius soll und will ja nicht im schulmäßigen Sinne sprechen wie die genannten Philosophielehrer.

13 Die Stoiker. Ihre strenge Pflichtauffassung wurde zwar von den Römern gebilligt, ihre Definitionen galten jedoch vielfach als zu theoretisch und wirklichkeitsfremd. So war der stoische Weise ein Ideal, für römische Begriffe aber ein Mensch, der Einsicht und sittliche Tugend verband, was sich im Einsatz für die staatliche Gemeinschaft zeigte. Als Beispiele dafür nennt Cicero die Vorbildgestalten aus Roms Geschichte, bei Seneca ist es daneben noch besonders die Person Catos des Jüngeren (vgl. Seneca, *Glück und Schicksal*, hrsg. von M. Giebel, Stuttgart 2009/2017.). Dass wahre Freundschaft nur zwischen *boni*, Guten, also moralisch integren Personen bestehen kann, war eine schon von Aristoteles vertretene Grundüberzeugung, die dann besonders von den Stoikern bekräftigt wurde.

14 Der Natur gemäß leben war ein Hauptgrundsatz der stoischen Philosophie. Die Natur aber hat die Menschen zum Leben und Wirken in der Gemeinschaft bestimmt, wie es römischer Tradition entsprach. Daher lebten die Vorbildgestalten Roms auch ohne philosophische Vorbildung nach dieser Maxime. Vgl. Cicero,

De officiis – Vom pflichtgemäßen Handeln 1,22 und »Scipios Traum«.

15 Die bekannte Definition des Freundes als *alter ego*, zweites Ich, geht, wie vieles, auf Aristoteles zurück. Vgl. dessen *Nikomachische Ethik*, B. 8 und 9. S. auch hier S. 51.

16 Vergröbernder Vorwurf gegen die Epikureer, die der Freundschaft durchaus einen hohen Wert zuerkannten. Vgl. Ciceros *De finibus bonorum et malorum – Über das höchste Gut und das größte Übel* 1,65–70; 2,78–85. Dass der Mensch im Gegensatz zum Vieh aufgerichtet nach oben blicken kann, wird oft als verpflichtendes Privileg angesehen, so u.a. von Platon und Xenophon. Vgl. Cicero, *De legibus – Von den Gesetzen* 1,26. Zu den Epikureern vgl. auch Anm. 19.

17 Cicero hebt mehrfach hervor, dass die staatstreu Gesinnten den radikalen Gruppierungen meist unterlegen sind, da sie zu lange in Untätigkeit verharren und sich meist erst aufraffen, wenn es zu spät ist. Vgl. *Rede für Sestius* 100.

18 Hinweis auf die Zeit Ciceros: die Schreckensherrschaft Sullas, die Verschwörung des Catilina, die Cicero als Konsul niederschlug (63 v. Chr.) und der Bürgerkrieg, den Caesar mit dem Übergang über den Rubikon entfesselte (49–47 v. Chr.), dann auch die Zeit der Alleinherrschaft Caesars.

19 Die Epikureer sahen die Freundschaft als Mittel zum glücklichen Leben an und pflegten sie; freilich dürfe sie nicht die erwünschte Unerschütterlichkeit (*ataraxía*) stören, den Seelenfrieden. Die anderen sind die Kyrenaiker, die Anhänger des Aristipp von Kyrene (um 435–355 v. Chr.), Vertreter des Hedonismus, die Lust und Genuss hochschätzten und den Ursprung der Freundschaft in Mangel und Bedürfnis sahen. Sie diene dem gegenseitigen Nutzen. Einige von ihnen lehnten die Freundschaft ganz ab, denn der Weise sei autark: Er genüge sich selbst und brauche keine Freunde.

20 Die Stoiker, die jegliche Affektreaktion ausschließen wollen, eine rigide Position, die Laelius bzw. Cicero schon anlässlich der Trauer um Scipio abgelehnt hat.

21 Vgl. Cicero, *De officiis – Vom pflichtgemäßen Handeln* 3,43 ff. –

Zum Folgenden vgl. die Denkschrift, die Ciceros Bruder Quintus an ihn richtete anlässlich seiner Bewerbung um das Konsulat.

22 *Amicus certus in re incerta cernitur* – der Vers wurde zum Sprichwort, sinngemäß auch bei Ovid, *Tristien* 1,9,5 und anderen.

23 Wie Romulus und Remus, die ausgesetzt und von einem Hirten aufgezogen wurden, ebenso wie die Zwillingssöhne der Antiope, Amphion und Zethos, in der Tragödie *Antiopa* des S. 22 genannten Dichters Pacuvius (s. Verzeichnis der Eigennamen). In der Komödie und später im Roman ein häufiges Motiv, z.B. bei Longos, *Daphnis und Chloe*.

24 Da die Tugend sich im sozialen Handeln verwirklicht, braucht sie die Gemeinschaft, was Cicero in *De re publica – Vom Staat* und *De officiis – Vom pflichtgemäßen Handeln* besonders betont.

25 *Acta agere* – eine schon abgemachte Sache, die sich nicht mehr ändern lässt, noch einmal vornehmen, ein Ausdruck aus der Gerichtssprache.

26 Terenz. Vgl. Verzeichnis der Eigennamen. Die später folgenden Verse des Terenz (S. 57) sind aus seiner Komödie *Der Eunuch* (3,1 f.). Gnatho ist ein Parasit, ein Schmarotzer und Schmeichler, ein häufiger Typ in der Komödie. Er erklärt hier, wie man von dieser seiner Tätigkeit, geradezu einem neuen Beruf, recht gut leben könne. Vgl. Anm. 28.

27 Scipio war zu der Zeit (131 v. Chr.) kein Konsul oder hoher Beamter, also bei seinem Auftritt offiziell nur *comes magistratuum*, im Gefolge der Magistratspersonen. Zur Rede des Laelius vgl. Cicero, *Brutus* 83.

28 Das Zitat stammt von Terenz, aus dem bereits zitierten Stück *Der Eunuch*. Der Sprecher Thraso ist ein Typ wie der ruhmredige Soldat aus der bekannten Komödie des Plautus: *Miles gloriosus*. Thraso fragt den Schmeichler Gnatho, wie seine Freundin Thais sein Geschenk aufgenommen habe.

29 Aus einer nicht erhaltenen Komödie des C. Caecilius [Statius], *Die Erbtochter*, vgl. Cicero, *Cato maior – Über das Alter*, hier S. 86.

30 Aus den *Annalen* des Ennius. Die Übersetzungen des Ennius sind aus der Ausgabe: Ennius, *Fragmente (Auswahl)*, lat./dt., ausgew., übers. und hrsg. von O. Schönberger, Stuttgart 2009,

S. 48, 49, 50, 41, 87. Ein Hirte will dem römischen Feldherrn Titus Quinctius Flamininus (s. Verzeichnis der Eigennamen) einen Weg zeigen, wie er den Feind im Rücken fassen kann. Vgl. Livius 32,11 ff.

31 Wohl mehr noch als das Alter – Cicero war 62 Jahre alt, Atticus vier Jahre älter – war es die bedrückende politische Lage unter der Alleinherrschaft Caesars. Dies galt auch für die Zeit nach der Ermordung Caesars. Cicero schrieb an Atticus (14,21), er müsse seinen Cato selber öfter lesen, denn das Alter mache ihn bitter.

32 Der stoische Leitsatz, vgl. *Laelius* 19, hier S. 19 und Anm. 14.

33 Der Vergleich des Menschenlebens mit einem Schauspiel, bei dem die Natur oder die Götter Regie führen, ist ein häufiges Bild in der stoischen Philosophie, vgl. hier auch den Schluss, S. 113, bekannt auch von Marc Aurel, so am Ende seiner *Selbstbetrachtungen* (12,23; 36). Vgl. auch die letzten Worte des Augustus, Sueton, *Augustus* 99.

34 Die Beschäftigung mit den Wissenschaften (hier *artes*, sonst auch *studia, litterae*), vor allem mit der Philosophie, als Hilfsmittel auf dem Weg zur sittlichen Vollendung, zur *virtus*, empfiehlt Cicero auch in seiner Rede für den Dichter Archias (16), und er nennt als Gewährsmänner Scipio, Laelius und Cato. Hier auch das Lob der *studia* als glückliche Beschäftigung in allen Lebenslagen und auch im Alter.

35 Mit seiner Hinhaltetaktik, die ihm den Beinamen Cunctator, der Zögerer, eintrug, wandte Q. Fabius Maximus das Kriegsglück der Römer nach ihrer vernichtenden Niederlage 217 gegen Hannibal am Trasimenischen See. S. Verzeichnis der Eigennamen. – Die Verse aus den *Annalen* des Ennius waren berühmt; Cicero zitiert sie auch in *De officiis* 1,84.

36 Das picenische und gallische Gebiet, zwischen Ariminum (Rimini) und Siena, war *ager publicus*, Staatsland. Über die Verteilung gab es Unstimmigkeiten. Die Auspizien, die Vogelzeichen, nach denen die Auguren den Willen der Götter deuteten, wurden mitunter manipuliert. Fabius Maximus bezieht sich möglicherweise auf einen Vers in der *Ilias* (12,243), wo Hektor die Deutung

von Vogelzeichen zurückweist: »Nur ein einziges Zeichen gilt: das Vaterland schützen!«

37 Aus den *Annalen* des Ennius, wie auch das folgende Zitat.

38 Anspielung auf Catos Votum, mit dem er seine Reden im Senat zu beschließen pflegte: *Ceterum censeo Carthaginem esse delendam* – »Und im Übrigen stimme ich dafür, dass Karthago zerstört werden muss«. Vgl. Plutarch, *Leben Catos des Älteren* 27,2. Ebd. 27,5 f. die prophetischen Worte Catos über den künftigen Zerstörer Karthagos, Scipio. Dessen Großvater Scipio Africanus der Ältere hatte Hannibal im Zweiten Punischen Krieg 202 bei Zama entscheidend geschlagen. Vgl. auch Cicero, *De officiis* 1,79, und das Lob Catos in *De oratore* 3, 135.

39 Die Gerusie, der Ältestenrat in Sparta, bestand aus dreißig Geronten, Männern über 60 Jahren. Dies hätten die Römer der Frühzeit zum Vorbild für ihren Senat genommen, sagt der jüngere Scipio in der Staatsschrift 2,50.

40 Das Stück des Naevius ist nicht erhalten. Bei den jungen Leuten, die mächtige Staaten zerrütteten, ist an Alkibiades zu denken, der 415–413 während des Peloponnesischen Krieges durch seinen Feldzug nach Sizilien, die sog. sizilische Expedition, Athen in die Katastrophe trieb. Sein Gegenspieler war der ältere und besonnene Feldherr Nikias.

41 Die Tragödie enthält ein Loblied auf Attika (V. 668–719); wenn die Anekdote auf Wahrheit beruht, hat Sophokles wohl dieses Stück vorgetragen.

42 Auf den berühmten Vers Solons, »Alternd lerne ich stets immer noch Neues hinzu« (Frgm. 22,7 D), verweist Cato später nochmals, S. 94 f.

43 Der Perserkönig Kyros der Große in Xenophons *Kyrupädie* 8,7,6 ff.

44 *Ilias* 1,249; das Folgende 2,371 ff. – Der Heerführer ist Agamemnon, Aias war der stärkste der Griechen, Nestor galt als der weiseste.

45 Die Klienten, Angehörige meist aus niederen Schichten in Rom, die sich dem Schutz eines höherrangigen Mannes unterstellt hatten. Dieser unterstützte sie als ihr Patron mit Geld und anderen

Wohltaten, dafür bildeten sie seinen Anhang in der Öffentlichkeit und gaben ihm bei Wahlen ihre Stimme. Die Gastfreunde waren meist Ausländer ohne Bürgerrecht, deren Heimatland mit Rom verbündet war, aber auch Dichter und Philosophen, oft aus dem von Rom unterworfenen griechischen Osten.

46 Vgl. *Laelius* 26, S. 60.

47 Das erste Beispiel für das spätere Ideal des *puer senex*, des Knaben als Greis: die Verbindung von Jugend und geistiger Reife. Vgl. K. Büchner (1964) S. 406 ff.

48 Diese Übung war bei den Pythagoreern mehr eine Art von Gewissenserforschung, so noch bei Seneca (*De ira – Von Zorn* 3,36,3); sie wurde aber allgemein als Gedächtnisübung aufgefasst und angewandt.

49 Das wäre im Jahr 349 gewesen, als Platon 78 Jahre alt war, und ist im Gegensatz zu früheren Besuchen sonst nicht bezeugt. Cato bzw. Cicero will hier gleichsam eine Verbindung herstellen zwischen der philosophischen Gesprächskunst der Pythagoreer und Platoniker sowie ihrem Weiterleben in römischer Überlieferung.

50 Von einer maßvollen Haltung Catos gegenüber der Sexualität kündet die Anekdote, er habe einen jungen Mann aus einem Bordell kommen sehen und ihn gelobt, dass er dort seine Leidenschaft befriedige, anstatt edle Jungfrauen und ehrbare Matronen zu verführen. Als er ihn jedoch öfters dort sah, sagte er: »Ich habe nicht gemeint, du solltest dort wohnen!« (Horaz, *Satiren* 1,2,31 mit Scholion zur Stelle).

51 Die zensorische Rüge wurde gegen Senatoren ausgesprochen, die sich nicht ihrem Rang entsprechend verhielten, bei unwürdigem Lebenswandel oder Verschwendung; sie konnten auch aus dem Senat ausgeschlossen werden. Cato hatte wegen seiner Strenge als Zensor 184 den Beinamen Censorius erhalten.

52 Epikur, vgl. *Laelius*, S. 26.

53 *Timaios* 69d. – Cicero hatte diesen Dialog Platons ins Lateinische übersetzt.

54 Der Kult der kleinasiatischen Muttergottheit Kybele wurde 204 in Rom eingeführt. Ihre Verehrung war mit orgiastischen Riten verbunden, wie die Selbstentmannung ihrer Priester, der Galli;

in Rom wurde sie aber als Große Mutter vom Berge Ida verehrt, der Heimat des Troianers Aeneas, des Gründervaters von Rom. An ihren Festen wurden Gastmähler abgehalten, zu denen sich Opferbruderschaften zusammenfanden. Auch die römischen Magistrate nahmen teil, um den römischen Charakter des Kultes zu betonen und sicherzustellen.

55 Im Lateinischen *convivium*, im Griechischen *symposion* und *syndeipnon*, vgl. Platons und Xenophons *Gastmahl – Symposion*. In einem Brief an einen Freund weist Cicero auf diese unterschiedliche Ausdrucksweise hin und betont seine eigene Freude am Gespräch unter Freunden beim *convivium* (*Epistulae ad familiares – Briefe an die Freunde* 9,26 [24], 3).

56 *Symposion* 2,26. Dort meint Sokrates: Wenn man zu reichlich einschenkt, dann liegen Leib und Seele bald am Boden, und wir können kaum mehr frei atmen, geschweige reden; wenn die Diener uns aber aus kleinen Kelchen häufig beträufeln, dann wird uns der Wein, statt gewaltsam zum Rausch, eher zu scherzhafter und munterer Unterhaltung verführen. – Die römischen Trinksitten erinnern an den studentischen Kommers.

57 Zitat aus Platons *Politeia – Der Staat* I, 328d, aus dem Gespräch des Sokrates mit dem alten Athener Kephalos, der die Vorwürfe gegen das Alter relativiert, was Cicero zu Anfang zum Teil wörtlich nachbildet (S. 69 ff.).

58 Cato leitet, etymologisch nicht zutreffend, *occatio*, das Eggen, von *occaecare*, verdunkeln, ab.

59 *Odyssee* 24,226 ff.

60 Bei einer selbstgekochten Rübenmahlzeit (Plut. *Cato der Ältere* 2).

61 Senator von *senex*, der Greis. Ursprünglich bestand der Senat aus Männern über 60 Jahren, die nicht mehr wehrpflichtig waren und daher ein ständiges Gremium bilden konnten. Vgl. Anm. 39.

62 Cato verbindet, etymologisch nicht zutreffend, *viatores*, Boten und Reisende, die eine längere Strecke Weges, *via*, zurückzulegen hatten, mit *villa*, Land- und Gutshaus.

63 Xenophon, *Oikonomikós – Von der Hauswirtschaft* 4,20 ff. Hier will Lysander angesichts der prächtigen Kleidung des Perserprin-

zen gar nicht glauben, dass Kyros wirklich selber Hand anlegt in seinem Park, und dieser erklärt, er würde seiner Gesundheit zuliebe sich niemals zu Tisch setzen, bevor er nicht bei einer soldatischen Übung oder einer gärtnerischen Betätigung ins Schwitzen gekommen sei. – Cicero hat diese Schrift übersetzt, die Übersetzung ist nicht erhalten.

64 Hier wird das Greisenalter schon ab dem 46. Jahr gezählt: das Lebensjahr, in dem man, außer in Notzeiten, nicht mehr zum Wehrdienst eingezogen wurde. Später ging das Mannesalter bis zum 60., das Greisenalter begann mit dem 61. Lebensjahr.

65 Scipio und Laelius gehörten zum Kollegium der Auguren, zu Letzteren vgl. Verzeichnis der Eigennamen.

66 In der Komödie *Adelphoe – Die Brüder* (160 aufgeführt) bringt Terenz in den beiden Brüdern zwei gegensätzliche Charaktere mit unterschiedlichen Ansichten auf die Bühne. Cicero zitiert daraus in der Rede für Caelius 37 f.

67 Ebenso argumentiert Cicero in den *Tuskulanen* 1,82 f. Schreckbilder und Strafen in der Unterwelt lehnt er als abergläubische Vorstellungen ab, ebd. 1,10 f.; 36.

68 Cato denkt an die zahlreichen als Fieber bezeichneten Infektionskrankheiten, denen viele junge Leute zum Opfer fielen.

69 Vgl. Platon, *Phaidon* 61d ff.; Cicero, *Tuskulanen* 1,74. Die Stoiker hielten den Selbstmord aus triftigen Gründen für erlaubt.

70 Das vollständige Zitat *Tuskulanen* 1,34 und 117: »Niemand soll mich unter Tränen ehren oder mit Klagen bestatten. Warum? Ich fliege lebend durch den Mund der Männer« (Übers. E. A. Kirfel). Solons Verse bei Plutarch, *Solon – Poplicola* 1.

71 Nicht nur der Vater P. Decius Mus (s. Verzeichnis der Eigennamen), sondern auch der gleichnamige Sohn, ja auch sein Enkel sollen sich in Form der *devotio*, des freiwilligen Todes zur Rettung des Heeres, geopfert haben. – Die im Folgenden genannten beiden Scipionen sind die Brüder Gnaeus Cornelius Scipio Calvus und Publius Cornelius Scipio, die nach großen Siegen beide im Zweiten Punischen Krieg in Spanien fielen. Vgl. *Tuskulanen* 1,89.

72 Vgl. *Tuskulanen* 1,101.

73 Ausgehend von Platon hat Cicero diese Ansicht vom göttlichen Ursprung der Seele und der Bestimmung des Menschen des Öfteren vertreten, so in den *Tuskulanen* 1,32; *De re publica* 6, 15 ff., hier: *Somnium Scipionis – Scipios Traum*, S. 119 f.

74 Platons Dialog *Phaidon*, bes. 61d ff. Vgl. auch *Laelius*, S. 15 f.

75 Vgl. die Diskussion in den *Tuskulanen* 1,50 ff. Hier auch die These von der Selbstbewegung der Seele als Unsterblichkeitsbeweis, ebenso im *Somnium Scipionis – Scipios Traum* 6,27, S. 127 f. Die Wiedererinnerung behandelt Platon im Dialog *Menon*, s. auch in den *Tuskulanen* 1,57 f.

76 Xenophon, *Kyrupädie* 8,7,17 ff.

77 Dies sagt Cicero von Cato wie auch von sich selbst in der Rede für den Dichter Archias 28 f.

78 Vgl. *Tuskulanen* 1,32; 1,75 und *Somnium Scipionis – Scipios Traum*, hier S. 119 f.

79 Sokrates sagt in seiner Verteidigungsrede, er freue sich, nach dem Tode mit bedeutenden Persönlichkeiten zusammenzutreffen und Gespräche zu führen, wie mit Homer und den Helden des Troianischen Krieges (*Apologie* 40c ff., von Cicero übersetzt in den *Tuskulanen* 1,97 ff.).

80 Nach dem bekannten Mythos (wie bei Ovid, *Metamorphosen* 7,159–349) ging nur die Verwandlung von Pelias' Bruder Aison gut aus. Bei Plautus *Pseudolus* 809 ff. ist jedoch auch von einer geglückten Verjüngung des Pelias (s. Verzeichnis der Eigennamen) die Rede.

81 Cato denkt wohl an den oft zitierten griechischen Spruch, das Beste sei, nicht geboren zu werden, und das Nächstbeste sei ein früher Tod. Vgl. *Tuskulanen* 1,114.

82 Es ist anzunehmen, dass sich diese Gedanken in Ciceros verlorener Trostschrift fanden, die er für sich selbst anlässlich des Todes seiner Tochter Tullia verfasst hatte und die er in den *Tuskulanen* mehrfach erwähnt: 1,76 f.; 1,83; 3,76; 4,63 und ein Zitat daraus 1,65 f. Er sagt, er habe darin auch Cato und den Verlust seines Sohnes genannt (3,70 f.).

83 Der gleiche Trostgrund im *Laelius*, S. 62 f. Cato war beim Tod seines Sohnes 82 Jahre alt.

84 Vgl. *Tuskulanen* 1,39: Der Unterredner sagt in diesem Zusammenhang, er wolle lieber mit Platon (der die Unsterblichkeit der Seele vertritt) irren, als mit gewissen anderen das Wahre denken.

85 Scipio Africanus den Älteren. Die Erzählung spielt im Jahr 149, zu Beginn des Dritten Punischen Krieges.

86 Ennius am Anfang seiner *Annalen*. Vgl. Ennius, *Fragmente*, S. 26. Er glaubte aufgrund dieses Traumes, die Seele Homers wohne in ihm.

87 Tiberius Gracchus, vgl. *Laelius*, S. 29 ff.

88 Als *dictator rei publicae constituendae*: Diktator mit der Aufgabe, das Staatswesen wiederherzustellen, ein Sonderamt in Krisenzeiten mit besonderen Vollmachten, das auf sechs Monate befristet war.

89 Die Vorstellung vom Körper als dem Grab der Seele (*soma – sema*) stammt ursprünglich aus pythagoreischem Gedankengut, wird dann von Platon aufgenommen, vgl. *Phaidon* 67d; *Gorgias* 493a; Cicero *Tuskulanen* 1,39; 1,75. Dem Folgenden liegt ein Zitat aus einer verlorenen Tragödie des Euripides zugrunde, vgl. Platon *Gorgias* 492e, Cicero *Tuskulanen* 1,75: »Wer aber weiß, ob nicht das Leben Totsein ist, das Totsein aber Leben?« – Zur Unerlaubtheit des Freitodes vgl. Anm. 69.

90 Eine Forderung, die auch in der anderen bedeutenden römischen Jenseitsreise vertreten wird, im 6. Buch von Vergils *Aeneis* (6,620), das in der Kosmologie und Seelenlehre ebenso wie Ciceros *Somnium Scipionis* pythagoreisches, platonisches und stoisches Gedankengut enthält.

91 Der Mond.

92 Die auf Pythagoras zurückgehende Vorstellung von der Sphärenharmonie, Töne in bestimmten Intervallen, die durch das Kreisen der Sphären hervorgerufen werden. – Die Pythagoreer erkannten die mathematischen Proportionen in den musikalischen Intervallen und sahen dies als Reflexion der himmlischen Ordnung an. So gebrauchten sie auch die Musik als therapeutisches Mittel.

93 Vgl. die siebensaitige Leier (Lyra bzw. Kithara). Zur Zahlensymbolik vgl. den Kommentar des Macrobius 1,5–6.

94 Bei Platon werden diese beiden periodisch wiederkehrenden Erdkatastrophen genannt: In den *Nomoi – Gesetzen* 677 spricht er von einer Sintflut, mit der die Götter die Erde überschwemmen, im *Timaios* 22c–d von periodischen Vernichtungen des Lebens auf der Erde durch gewaltiges Feuer, was auf Bahnabweichungen bei den um die Erde kreisenden Himmelskörpern zurückzuführen sei.

95 Das große Weltenjahr, vgl. Platon, *Timaios* 39c–d, das Cicero in einem Fragment seines *Hortensius* als eine Summe von 12 954 Sonnenjahren angibt (bei Tacitus *Dialogus de oratoribus – Dialog über die Redner* 16,7). Es geht auf babylonische Vorstellungen zurück. Einer Theorie der Stoiker zufolge steht am Ende eines solchen Zeitraums die Vernichtung der Welt im Urfeuer (Ekpyrosis) und die darauf folgende Entstehung einer neuen. Vgl. auch Cicero, *De natura deorum – Über das Wesen der Götter* 2,51 f. – Zur Entrückung des Romulus zu den Göttern vgl. *De re publica* 2,17 f. Zu seiner Lebenszeit heißt es dort: vor nicht ganz 600 Jahren.

96 Der Unsterblichkeitsbeweis der Seele ist eine Übersetzung von Platons *Phaidros* 245c–e, den Cicero auch in den *Tuskulanen* bringt (1,53 f.), ähnlich auch im *Cato*, S. 109 f.

97 Auch die Bestimmungen über die Wiederverkörperung gehen auf Platons Seelenlehre zurück, vgl. *Phaidros* 248–249; *Phaidon* 80–81; *Timaios* 42b–d.

Verzeichnis der Eigennamen

(Alle Jahreszahlen v. Chr.)

(L) im *Laelius* genannt
(C) im *Cato* genannt
(S) in *Scipios Traum* genannt

L. ACILIUS: angesehen als Rechtsgelehrter, Ausleger des Zwölftafelgesetzes, Zeitgenosse Catos des Älteren. (L)

M'. ACILIUS BALBUS: zusammen mit Titus Quinctius Flamininus Konsul 150. (C)

M'. ACILIUS GLABRIO: besiegte als Konsul 191 bei den Thermopylen König Antiochos III. von Syrien, Cato war Kriegstribun. (C)

S. AELIUS: S. Aelius Paetus Catus, Konsul 198, Rechtsgelehrter, gab den Text des Zwölftafelgesetzes mit Auslegungen heraus. (C)

Q. AELIUS TUBERO: Volkstribun vor 129, mit Ti. Gracchus befreundet, sagte sich dann von ihm los. Dialogpartner in Ciceros Staatsschrift *De re publica*. (L)

Q. AEMILIUS PAPUS: zusammen mit C. Fabricius Luscinus Konsul 282 und 278 und Zensor 275. (L)

L. AEMILIUS PAULUS MACEDONICUS: leiblicher Vater des jüngeren Scipio, erscheint diesem in seiner Traumvision. Konsul 182 und 168, Sieger über den Makedonenkönig Perseus bei Pydna (168). Wenige Tage vor und nach seinem Triumph 167 verlor er seine beiden 14 bzw. 12 Jahre alten Söhne. Im Vertrauen auf sie hatte er einen älteren Sohn, den späteren Scipio Africanus den Jüngeren, zur Adoption in die Scipionenfamilie gegeben, daher dessen Beiname Aemilianus (L, C, S); siehe auch Fabius.

ÄTNA: Unter dem Vulkan auf Sizilien lag der Sage nach der Gigant Enkelados, zur Strafe für seinen Kampf gegen die olympischen Götter. (C)

AFRICANUS siehe Scipio.

AGRIGENT: griech. Akragas, an der Südküste Siziliens, Heimat des Philosophen Empedokles (um 494–434): einer der Vorsokratiker, Verfasser von Lehrgedichten. In seiner Kosmogonie nimmt er neben den vier Elementen Erde, Luft, Feuer und Wasser zwei Prinzipien an: Liebe bzw. Freundschaft (*philotes*) und Streit bzw. Zwietracht (*neikos*), die auf die Elemente einwirken, in harmonischer Mischung durch die Liebe, in Trennung durch den Streit. (L)

AIAS: einer der berühmtesten Helden vor Troia, von großer Körperkraft. (C)

SP. ALBINUS: Sp. Postumius Albinus, Konsul 186. (C)

AMBIVIUS TURPIO: berühmter Schauspieler und Theaterdirektor zur Zeit Catos, führte die Stücke von Terenz auf. (C)

APOLLON: Gott des Orakels von Delphi, das Sokrates zum Weisesten erklärte. (L, C)

APPIUS CLAUDIUS: Konsul 307 und 296, Zensor 312, Erbauer der Via Appia, auch als Blinder (daher sein Beiname Caecus) noch politisch aktiv. (C)

APPIUS CLAUDIUS [CRASSUS]: Konsul 349. (C)

ARCHYTAS VON TARENT: um 400, pythagoreischer Philosoph, Mathematiker und Staatsmann, Freund Platons, dem er bei dessen Besuch 389/388 pythagoreisches Gedankengut vermittelte. (L, C)

ARGANTHONIOS: langlebiger König von Tartessos (s. d.). Er soll Herodot 1,63 zufolge 120 Jahre, nach anderen sogar noch länger gelebt haben. (C)

ARISTIDES: um 540–468, athenischer Staatsmann, mit dem Beinamen ›der Gerechte‹. Als Sohn des Lysimachos hieß er Aristeides Lysimachou, daher die Möglichkeit einer Verwechslung. (C)

ARISTON VON KEOS: um 225 Leiter der Philosophenschule der Peripatetiker in Athen, seine philosophischen Schriften sind verloren. (C)

A. ATILIUS CALATINUS: Konsul 258 und 254, Zensor 247, Feldherr im Ersten Punischen Krieg; sein Grabmal lag an der Via Appia. (C)

M. ATILIUS: M. Atilius Regulus, Konsul 267 und 256, Feldherr im Ersten Punischen Krieg, geriet in Gefangenschaft in Karthago, wurde 250 als Unterhändler nach Rom gesandt, sprach aber gegen die karthagischen Friedensbedingungen und den Gefangenenaustausch, kehrte seinem gegebenen Wort gemäß nach Karthago zurück, im Bewusstsein, dass ihn dort der Martertod erwartete. Er wurde zu einer der Vorbildgestalten Roms, so auch bei Seneca. (C)

ATTICUS: T. Pomponius Atticus (110–32), Freund Ciceros, hatte seinen Beinamen von seinem langen Aufenthalt in Athen und seiner Liebe zur griechischen Kultur. Er lehnte als Anhänger der Philosophie Epikurs eine aktive Teilnahme am politischen Leben ab, stand aber mit vielen Römern, auch verschiedener politischer Haltung, in enger Verbindung. Von seinem beträchtlichen Vermögen unterhielt er in Epirus (beim heutigen Butrint in Albanien) ein Mustergut. Als Liebhaber der Literatur beschäftigte er Schreiber und Kopisten und sorgte für die Veröffentlichung und Verbreitung von Ciceros Werken. Sein Briefwechsel mit Cicero ist eines der bedeutendsten Zeugnisse der Antike. Vgl. die Lebensbeschreibung von Cornelius Nepos. Er ist Dialogpartner in *De legibus – Von den Gesetzen*, Adressat des *Laelius* und *Cato*, mit Cicero auch verwandt durch die Heirat seiner Schwester Pomponia mit Ciceros Bruder Quintus. (L, C)

AUGUR, AUGUREN: Eine Priesterschaft, die Erscheinungen aus der Natur deutete wie Blitz und Donner, Erdbeben oder den Vogelflug (*auspicium*) als Zeichen, wodurch die Götter ihre Zustimmung oder Ablehnung bestimmter Vorhaben des Staates kundtaten. Vgl. Cicero, *De divinatione – Von der Weissagung* 1,3; *De legibus – Von den Gesetzen* 2,31 ff.

BIAS: aus Priene, einer der Sieben Weisen, Staatsmänner und Philosophen des frühen Griechentums, um 600, denen Sprüche zugeschrieben werden wie: »Erkenne dich selbst!« – »Nichts im Übermaß!« (L)

C. BLOSSIUS AUS CUMAE: Stoiker, Anhänger und Freund des Tiberius Gracchus, der auch nach dessen Tod seine Ideen vertrat. Vor der Verfolgung der Anhänger der Gracchen floh er 132 nach Pergamon in Kleinasien zum dortigen Machthaber Aristonikos, um sich an dessen sozialrevolutionären Umtrieben gegen Rom zu beteiligen. Als dieser besiegt wurde, beging Blossius 129 Selbstmord. Vgl. Plutarch, *Leben des Tiberius Gracchus* 20. (L)

BRUTUS: D. Junius Brutus: der damalige Vorsitzende des Priesterkollegiums der Auguren (s. d.). Bei dem erwähnten Treffen wurden die jüngst erteilten Gutachten über Vorzeichen besprochen und im Archiv niedergelegt. (L)

L. BRUTUS: L. Junius Brutus, legendärer Begründer der römischen Republik und 509 ihr erster Konsul nach der Vertreibung des letzten Königs Tarquinius Superbus (s. d.). Als die Tarquinier ihre Rückkehr auf den Thron betrieben, fiel Brutus im Zweikampf mit Arruns, dem Sohn des Tarquinius. (C)

CAECILIUS STATIUS: römischer Komödiendichter, um 230/220 – um 168, als Kriegsgefangener wohl von Mediolanum (Mailand) nach Rom gebracht, Schüler des Ennius; von seinen Stücken sind nur Fragmente überliefert. In den *Synepheben*, den *Jugendfreunden*, treten zwei gegensätzliche Charaktere auf wie in den *Adelphoe*, den *Brüdern*, des Terenz (s. d. und Anm. 66 zu *Cato dem Älteren – Über das Alter*). (L, C)

L. CAECILIUS METELLUS siehe Metellus.

CAEPIO: Cn. Servilius Caepio, Konsul 169. (C)

L. CAMILLUS: L. Furius Camillus, 349 Konsul mit App. Claudius Crassus, Sohn des Siegers über Veji und die Gallier. (C)

CAPUA: Hauptstadt Kampaniens, ging nach Roms Niederlage von Cannae 216 zu Hannibal über und wurde 211 zurückerobert. (C)

CARBO: C. Papirius Carbo, Konsul 120, Parteigänger der Gracchen, stellte als Volkstribun 131 den Gesetzesantrag, dass man das Amt des Volkstribunen mehr als einmal innehaben könne, was von der Nobilität scharf abgelehnt wurde. Man verdächtigte ihn, am Tod des Scipio Africanus des Jüngeren beteiligt gewesen zu sein, ihn vielleicht vergiftet zu haben. (L)

SP. CARVILIUS: Sp. Carvilius Maximus Ruga, Konsul 234 sowie 228 mit Q. Fabius Maximus. (C)

CASSIUS: L. Cassius Longinus Ravilla, brachte 137 ein Gesetz ein über die schriftliche Abstimmung bei Gerichtsverfahren (*lex tabellaria*), eine Ergänzung zum Gesetz des Gabinius (s. d.). Als Richter stellte er stets die Frage: *Cui bono?* – »Wem hat die Tat zum Vorteil gereicht?« (L)

SP. CASSIUS VECELLINUS siehe Vecellinus.

CATO: M. Porcius Cato der Ältere (zur Unterscheidung von seinem Urenkel Cato dem Jüngeren), 234–149, mit dem Beinamen Censorius wegen der strengen Ausübung seines Amtes als Zensor 184. Konsul 195, Vorbildgestalt für römische *virtus*: Sittenstrenge und

Pflichtbewusstsein, Titelfigur in Ciceros *Cato maior de senectute – Über das Alter*. Als Quaestor in Sizilien, Praetor in Sardinien, Konsul in Spanien ging er gegen die Missstände in der Provinzverwaltung vor. Schon siebzehnjährig kämpfte er im Zweiten Punischen Krieg gegen Hannibal. Als Feldherr war er erfolgreich gegen Antiochos III. von Syrien, siehe Thermopylen. Auch als Redner und Schriftsteller war er bedeutend. Sein Sohn starb 152, schon zum Praetor gewählt, Verfasser juristischer Schriften. (L, C)

CATO: C. Porcius Cato, Enkel Catos des Älteren, Konsul 114, Parteigänger des Tiberius Gracchus. (L)

CAUDIUM: Stadt bei Benevent, wo das römische Heer 321 im Krieg gegen die Samniten unter den Konsuln Spurius Postumius Albinus und Titus Veturius in eine Falle gelockt wurde und eine schmähliche Niederlage erlitt. (C)

CENTO: C. Claudius Cento, Sohn des App. Claudius Caecus, Konsul 240. (C)

CETHEGUS: M. Cornelius Cethegus, Konsul 204, von Ennius wegen seiner Redekunst gerühmt, zitiert bei Cicero, *Brutus* 58 f. (C)

CINCINNATUS: L. Quinctius Cincinnatus, Konsul 460, Diktator 458 und 439, wurde vom Pflug weg berufen, um ein von Feinden eingeschlossenes römisches Heer zu befreien, eine der altrömischen Vorbildgestalten (vgl. die amerikanische Stadt Cincinnati). (C)

CINCIUS: M. Cincius Alimentus, brachte 204 als Volkstribun das nach ihm benannte Gesetz ein (*lex Cincia de donis et muneribus*), das Geld und andere Zuwendungen an Anwälte vor Gericht verbot. (C)

CORIOLAN: Cn. Marcius Coriolanus (5. Jh.), Sieger über die Volsker, ging aus gekränktem Ehrgeiz zu ihnen über und zog gegen Rom (vgl. Livius 2,34–40 und das Drama von Shakespeare). (L)

CORUNCANIUS: Ti. Coruncanius, Konsul 280; 252 als erster Plebejer Pontifex maximus, bedeutender Rechtsgelehrter und Feldherr; mit seinem Freund Curius Dentatus gehört er zum Kanon der römischen Vorbildgestalten. (L, C)

CRASSUS: C. Licinius Crassus, Volkstribun 145, sprach als Erster auf dem Forum nicht dem Senat, sondern dem Volk zugewandt, was ihm von der Senatspartei als Streben nach der Volksgunst verübelt wurde. Während bisher die Priesterkollegien neue Mitglieder kooptierten, d. h. selbst auswählten, wollte Crassus ihnen dieses Ergänzungsrecht nehmen. Er beantragte, dass die Priester wie die Magistrate vom Volk gewählt würden. (L)

P. CRASSUS: P. Licinius Crassus Dives, Konsul 205, Pontifex maximus 212–183, berühmter Rechtsgelehrter. (C)

CURIUS: M'. Curius Dentatus, Konsul 290, 275, 274; Zensor 272. Sieger über Samniten und Sabiner und über König Pyrrhos von Epirus bei Benevent 275; mit seinem schlichten und einfachen Leben und seiner Unbestechlichkeit eine der Vorbildgestalten Roms. (L, C)

P. DECIUS: P. Decius Mus, Konsul 312, 308, 297, 295, Zensor 304, Heerführer gegen die Samniten, starb 295 in der Schlacht von Sentinum durch *devotio,* einen freiwilligen Opfertod, um sein Heer zu retten. Eine solche Opfertat im Krieg wird auch von seinem gleichnamigen Vater überliefert, 340 gegen die Latiner, und von dessen Enkel, 279 bei Ausculum gegen König Pyrrhos (daher: die Decier). (C)

DEMOKRIT: um 460–370, griechischer Philosoph aus Abdera in Thrakien, entwickelte die Atomlehre des Leukipp weiter, die dann von Epikur und seiner Schule und von Lukrez in Rom übernommen wurde. (C)

DIOGENES: Diogenes von Seleukia am Tigris, auch Babylonios genannt, um 240–152, Leiter der stoischen Philosophenschule in Athen, der als Mitglied der Philosophengesandtschaft 155 in Rom bekannt wurde. Er soll 88 Jahre alt geworden sein. (C)

GAIUS DUELLIUS: Konsul 260, übte Rom für den Seekrieg ein, besiegte die karthagische Flotte unter Hannibal bei Mylae in Sizilien in der ersten Seeschlacht der Römer, feierte einen Triumph und stellte die Schiffsschnäbel der eroberten Schiffe an einer Säule auf dem Forum auf. Daher der Name der Rednerbühne: *rostra.* (C)

Q. ENNIUS: römischer Dichter aus Rudiae in Kalabrien (239–169), von Cato nach Rom gebracht, als Mittler griechischer Bildung dem Kreis um Scipio nahestehend, schrieb Tragödien und Komödien in Anlehnung an griechische Dramen und ein Epos *Annalen,* in dem er die römische Geschichte und ihre großen Persönlichkeiten darstellt. Obwohl oft zitiert, sind seine Werke nur in Fragmenten erhalten. (L, C)

FABIUS: Q. Fabius Maximus Aemilianus, Sohn des Aemilius Paulus, von den Fabiern adoptiert, älterer Bruder des Scipio Africanus des Jüngeren, Freund des Geschichtsschreibers Polybios. (L)

Q. FABIUS MAXIMUS: Q. Fabius Maximus Verrucosus, um 275–203, mit dem Beinamen Cunctator, der Zauderer (vgl. Anm. 35), Konsul 233, 228, 215, 214, bedeutender Feldherr im Zweiten Punischen Krieg. 209, zum fünften Mal Konsul, eroberte er Tarent zurück. (C)

FABRICIUS: C. Fabricius Luscinus, Konsul 282 und 278, Zensor 275, nahm als Gesandter die Bestechungsgelder von König Pyrrhos nicht an, lieferte einen Überläufer, der versprach, König Pyrrhos zu vergiften, an diesen aus. Vgl. Ciceros *Pflichtenlehre* 1,40. Als Freund des Aemilius Papus, schlicht und unbestechlich wie dieser, gehört er zum Kanon der römischen Vorbildgestalten. (L, C)

C. FANNIUS: Schwiegersohn des Laelius, Konsul 122, gebildet in Philosophie und Redekunst, Verfasser eines Geschichtswerkes, Dialogpartner im *Laelius* und in Ciceros Werk *Vom Staat.* (L)

FLACCUS: L. Valerius Flaccus, mit Cato 195 Konsul und 184 Zensor. (C)

L. FLAMININUS: L. Quinctius Flamininus, Konsul 192, wegen schwerer Verfehlungen von Cato aus dem Senat ausgestoßen. (C)

T. FLAMININUS: T. Quinctius Flamininus, Bruder des Vorigen, Konsul 198, Zensor 189, siegte 197 über König Philipp V. von Makedonien im Zweiten Makedonischen Krieg. Vgl. Anm. 30. (C)

T. FLAMININUS: T. Quinctius Flamininus, Sohn des Vorigen, Konsul 150. (C)

C. FLAMINIUS: 232 Volkstribun, aus dem Plebejerstand, 223 und 217 Konsul, setzte sich für die Aufteilung von Staatsland (*ager publicus*, siehe Anm. 36) unter ärmere römische Siedler ein. Die Angehörigen der Nobilität wandten sich gegen solche Bestrebungen, da sie ihren Besitz zu schmälern drohten. (C)

A. GABINIUS: Volkstribun 139. Während vorher bei Wahlen der Magistrate mündlich abgestimmt wurde, brachte er ein Gesetz ein zur geheimen schriftlichen Abstimmung durch Stimmtäfelchen, siehe

Cassius. Die geheime Abstimmung wurde von der Senatspartei abgelehnt, da sie die Überprüfung der Loyalität ihrer Klienten, der Anhänger aus den unteren Schichten, erschwerte. (L)

GADES: Stadt in Südspanien, Gründung der Phönizier, heute Cádiz. (C)

GALUS: C. Sulpicius Galus (oder Gallus), Konsul 166, Freund und Kriegsgefährte des Aemilius Paulus, konnte aufgrund seiner astronomischen Kenntnisse das Heer bei einer Mondfinsternis aufklären und beruhigen, vgl. Ciceros *Vom Staat* 1,23 f. Wie Aemilius Paulus verlor er seinen Sohn. (C)

GIGANTEN: Riesengeschlecht, das gegen die olympischen Götter kämpfte und von diesen besiegt wurde, siehe auch Ätna. (C)

GORGIAS: aus Leontinoi auf Sizilien, um 485–380, berühmter Redner und Lehrer der sophistischen Redekunst in Athen, Lehrer u. a. des Isokrates, starb über 100-jährig. (C)

C. GRACCHUS: C. Sempronius Gracchus, 153–121, jüngerer Bruder des Tiberius, der dessen Reformwerk fortsetzen wollte. Großer Redner, Volkstribun 123 und 122, er scheiterte jedoch ebenso am Widerstand der Senatspartei und kam 121 bei Unruhen in Rom um. (L)

TI. GRACCHUS: Ti. Sempronius Gracchus, 162–133, Schwager des jüngeren Scipio, 133 Volkstribun, wollte mit einem Reformwerk das Ackerland in Italien neu verteilen zugunsten ärmerer Schichten. Die dazu notwendige Gesetzgebung und Enteignung wurde von den Großgrundbesitzern abgelehnt, es kam zu Unruhen, in deren Verlauf Tiberius Gracchus 133 getötet wurde. Da die Reformen der Gracchen oft radikal vorangetrieben wurden, verstärkte sich der Widerstand der Senatspartei, die das negative Bild der Gracchen als Unruhestifter, ja Zerstörer des Staates prägte, dem auch Cicero hier folgt. Die ungelösten Probleme verursachten in der Folgezeit immer wieder politisch-soziale Konflikte. Vgl. die Viten der Gracchen von Plutarch. (L)

TI. GRACCHUS: Ti. Sempronius Gracchus, Vater der beiden Volkstribunen, Schwiegervater Scipios des Jüngeren, 177 und 163 Konsul, 169 Zensor. (L)

HANNIBAL: Feldherr der Karthager (Punier) im Zweiten Punischen

Krieg (218–202), brachte Rom schwere Niederlagen bei (216 bei Cannae), verhasst wegen seiner Grausamkeit gegen römische Gefangene. Von Scipio Africanus dem Älteren 202 bei Zama besiegt. (L, C)

HESIOD: um 700, frühgriechischer Dichter aus Askra in Böotien, Verfasser des Lehrgedichts *Werke und Tage*, mit Regeln und Anweisungen für die Landwirtschaft. (C)

HOMER: Dichter der *Ilias* und *Odyssee*; Letztere soll er im Alter verfasst haben. Er trug seine Epen auswendig vor, auch als er der Legende nach schon blind war. (C)

ISOKRATES: 436–338, berühmter Redner und Leiter einer Rednerschule in Athen. Seine in hohem Alter verfasste Rede *Panathenaikos* war ein Preis Athens. (C)

KARTHAGO: Hauptstadt des Punischen Reiches in Nordafrika, Kolonie des phönizischen Tyros; beherrschte das Mittelmeer, Teile Spaniens und Siziliens, geriet in Interessenkonflikt erst mit den Griechen, dann mit Rom. Im Dritten Punischen Krieg wurde Karthago zerstört (146), unter Caesar und Augustus neu besiedelt und später eine der bedeutendsten Städte des Reiches (Lehrort des Augustinus). (C, S)

KATADUPA: Einer der Nilkatarakte. Sein lautes Rauschen soll die Bewohner der Gegend taub gemacht haben. (S)

KINEAS: Gesandter des Königs Pyrrhos (s. d.) im Krieg gegen die Römer. Er überredete Pyrrhos nach dessen Sieg 280 bei Herakleia zur Freigabe der römischen Gefangenen und brachte sie nach Rom. (C)

KLEANTHES: um 331–232, griechischer Philosoph, Leiter der stoischen Schule. Er soll den Leitsatz aufgestellt haben, der Natur gemäß zu leben. (C)

KRITOBULOS: Bei Xenophon (s. d.) in seiner Schrift über das Hauswesen Dialogpartner des Sokrates. (C)

KYROS: Kyros der Ältere, Begründer des Perserreiches, regierte 547–529, von Xenophon (s. d.) als idealer Herrscher dargestellt. (C)

KYROS: Kyros der Jüngere, jüngerer Sohn des Perserkönigs Dareios II., wollte statt seines älteren Bruders Artaxerxes II. Mnemon die Herrschaft übernehmen; an seinem Feldzug mit griechischen Söldnern nahm Xenophon teil, vgl. seine *Anabasis*. Kyros fiel in der Schlacht von Kunaxa 401; Xenophon verlieh ihm ebenfalls Züge eines idealen Herrschers. (C)

C. LAELIUS: mit dem Beinamen Sapiens, ›der Weise‹, um 190–129, Titelfigur in Ciceros Werk über die Freundschaft, 140 Konsul, Freund und Kriegsgefährte des jüngeren Scipio Africanus, Liebhaber griechischer Bildung, der Stoa nahestehend, gerühmt als Redner. Dialogpartner auch in Ciceros Staatsschrift und im *Cato*. (L, C)

LAERTES: der alte Vater des Odysseus.

M. LEPIDUS: M. Aemilius Lepidus, Konsul 187 und 175, Zensor 179, Pontifex maximus seit 180, Erbauer der Via Aemilia, starb hochbetagt 152. (C)

LIVIUS ANDRONICUS: um 284–204, Grieche aus Tarent, kam 272 als Kriegsgefangener nach Rom, gab dort Unterricht. Seine als Schulbuch verwendete Übersetzung der Odyssee ins Lateinische bezeichnet den Beginn der römischen Literaturgeschichte. Er schuf auch Dramen, die er selbst aufführte. (C)

LYKOMEDES: König der Doloper auf der Insel Skyros. Da ein Orakelspruch den frühen Tod des Achill vor Troia prophezeit hatte, verbarg seine Mutter Thetis ihn als Mädchen verkleidet bei Lykomedes. Odysseus enttarnte Achill durch eine List und nahm ihn mit nach Troia. Vgl. Neoptolemos. (L)

LYSANDER: spartanischer Feldherr im Peloponnesischen Krieg, gewann die Hilfe Persiens mit der Unterstützung Kyros' des Jüngeren, damals Statthalter in Kleinasien. Siehe Xenophon. (C)

LYSIMACHOS siehe Aristides.

MAELIUS: Spurius Maelius, reicher Plebejer, hatte während einer Hungersnot 440/439 Getreide aus seinem eigenen Besitz für das Volk ausgegeben, wurde von der Senatspartei verdächtigt, er wolle sich damit eine Ausnahmestellung verschaffen. Er wurde schließlich wegen angeblichen Strebens nach dem Königtum von Servilius Ahala getötet und als Demagoge und Aufrührer zum Negativbeispiel römischen Bürgerverhaltens gestempelt. Vgl. Livius 4,13 ff. (L)

MANCINUS: L. Hostilius Mancinus, mit Q. Fabius Maximus Aemilianus, dem Bruder Scipios des Jüngeren, 145 Konsul, Feldherr im Dritten Punischen Krieg. (L)

M'. MANILIUS: Konsul 149, Befehlshaber Scipios des Jüngeren in Africa, bedeutender Rechtsgelehrter. (S)

M. MARCELLUS: M. Claudius Marcellus, Konsul 222, 215, 214, 210, 208, bedeutender Feldherr im Zweiten Punischen Krieg, stabilisierte die Lage nach der Niederlage von Cannae, gewann Sizilien zurück, fand in einem Hinterhalt der Karthager den Tod; Hannibal ordnete seine Bestattung an. (C)

MASINISSA: König von Numidien, um 240–148, erst auf Seiten Karthagos, seit 206 Verbündeter der Römer, Kriegsgefährte und Gastfreund des älteren Scipio Africanus. An seinem Hof spielt die Traumerzählung des jüngeren Scipio. (C, S)

L. METELLUS: L. Caecilius Metellus, Konsul 251 und 247, Pontifex maximus 243 bis zu seinem Tod 221. (C)

METELLUS: Q. Caecilius Metellus Macedonicus, Konsul 143, Zensor 131 mit Q. Pompeius, siegreicher Feldherr in Makedonien, daher sein Beiname. Kollege des Laelius im Augurenamt. Anhänger der Nobilität, Gegner der Gracchen, aber auch zeitweise des Scipio Africanus. (L)

MILON VON KROTON: Ende des 6. Jh.s, berühmter Athlet, Ringkämpfer, vielfacher Sieger bei Olympischen und anderen Spielen. (C)

Q. MUCIUS SCAEVOLA: im Unterschied zum Folgenden mit dem Beinamen Augur (s. d.). 117 Konsul, philosophisch gebildet, angesehener Rechtsgelehrter, dem Ciceros Vater seinen Sohn zur Unterweisung anvertraute. Gewährsmann für den *Laelius*, Dialogpartner in Ciceros Staatsschrift und in *De oratore – Vom Redner*. (L)

Q. MUCIUS SCAEVOLA PONTIFEX: bedeutender Redner und Rechtsgelehrter, Konsul 95, Mitglied des Priesterkollegiums der *Pontifices* (s. Pontifex). Scaevola wurde ihr Oberhaupt, Pontifex maximus, und übernahm im Jahre 87, nach dem Tod seines Verwandten, des Augurs, die weitere juristische und rednerische Ausbildung Ciceros. Er wurde 82 während der Schreckensherrschaft Sullas ermordet. (L)

MUMMIUS: Spurius Mummius, philosophisch gebildet, Freund des Laelius und des Scipio, Dialogpartner in Ciceros Staatsschrift. (L)

NAEVIUS: Cn. Naevius, um 270–200, römischer Dichter, verfasste Komödien, Tragödien und ein Epos über den Ersten Punischen Krieg. (C)

P. NASICA: P. Cornelius Scipio Nasica Serapio, Konsul 138, Führer der Senatspartei im Kampf gegen Ti. Gracchus, seinen Vetter, an dessen Ermordung er maßgebliche Schuld trug. Von den Anhängern der Gracchen angeklagt und vom Volk bedroht, zog er sich mit Hilfe der Senatspartei als Mitglied einer Gesandtschaft nach Pergamon zurück. (L)

P. NASICA [CORCULUM]: P. Cornelius Scipio Nasica Corculum, Vater des obigen Nasica Serapio, Konsul 162 und 155, Zensor 159, Pontifex maximus seit 150, Vetter des jüngeren Scipio, verfasste eine Geschichte des von ihm gegen König Perseus von Makedonien geführten Krieges. (L)

NEARCHOS: Pythagoreer aus Tarent, der im Zweiten Punischen Krieg auf Seiten der Römer blieb, als die Stadt sich 212 Hannibal anschloss, Gastfreund Catos. (C)

NEOPTOLEMOS: Von der Königstochter Deidamia auf Skyros hatte Achill den Sohn Neoptolemos, der, ebenfalls von Odysseus geholt, entscheidend zur Eroberung Troias beitrug. Sein Großvater Lykomedes (s. d.) widersetzte sich seiner Abfahrt wegen ungünstiger Orakel. (L)

NESTOR: König von Pylos, trotz seines Alters einer der am meisten geschätzten Helden des Troianischen Krieges. (C)

NUMANTIA: Stadt in Spanien mit keltiberischer Bevölkerung, die Rom lange erbitterten Widerstand leistete, bis der jüngere Scipio sie 133 eroberte, daher sein Beiname Numantinus. (S)

M. PACUVIUS: römischer Tragödiendichter (220–130), seine Dramen sind nicht erhalten. Neffe des Ennius und Freund des Laelius, der die Aufführung eines Stückes erwähnt mit einem Stoff aus der Atridensage (wohl mit dem Titel *Chryses*): Orestes, der Sohn Agamemnons, ist nach dem Muttermord mit seinem Freund Pylades auf der Flucht, beide werden gefangen genommen, Orestes soll getötet werden, da gibt sich sein Freund für ihn aus. Vgl. S. 22. Cicero erwähnt diese Stelle auch in *De finibus bonorum et malorum – Über das höchste Gut und das größte Übel* 5,63. Auf die

Tragödie *Antiopa* spielt Laelius mit den unerkannt bei Hirten aufwachsenden Kindern an, vgl. Anm. 23. (L)

PAPIRIUS siehe Carbo.

L. PAULUS: L. Aemilius Paulus, Großvater des Scipio Aemilianus, des jüngeren Africanus. Konsul 219 und 216 mit C. Terentius Varro, der im Zweiten Punischen Krieg 216 durch taktische Fehler zur Niederlage in der Schlacht von Cannae beitrug, in der L. Paulus fiel. (C)

PAULUS: der leibliche Vater des jüngeren Scipio Africanus, siehe L. Aemilius Paulus Macedonicus. (C, S)

PEISISTRATOS: Stadtherrscher von Athen, 560–528; er soll sein tyrannisches Regiment unter dem Einfluss Solons gemildert haben, brachte Athen eine wirtschaftliche und kulturelle Blüte. (C)

PELIAS: König von Iolkos in Thessalien, hatte seinen Bruder Aison, den Vater des Argonautenführers Jason, der Herrschaft beraubt. Er wurde durch eine List Medeas aus Rache zerstückelt und in einem Kessel mit Zauberkräutern gekocht, angeblich zur Verjüngung, wie es Medea mit Aison gemacht hatte, Pelias aber starb. Das Beispiel für eine gelungene Verjüngung ist also Aison, eine andere Version jedoch bei Plautus, vgl. Anm. 80. (C)

PHILIPPUS: Q. Marcius Philippus, Konsul 186 und 169. (C)

PHILUS: L. Furius Philus, Konsul 136, Freund des Scipio, Dialogpartner in Ciceros Staatsschrift. Seine Rede gegen die Gerechtigkeit (ebd. 3,5,8) bezieht sich auf einen Vortrag, den eine Gesandtschaft von Philosophen aus Athen 155 in Rom gehalten hatte, und drückt nicht seine eigene Überzeugung aus. Der Philosoph Karneades hatte bei dieser Gesandtschaft erst für, dann gegen die Gerechtigkeit gesprochen, was seine Hörer irritierte, aber der akademischen Praxis des Für-und-Wider-Argumentierens entsprach. (L)

PLATON: 427–347, der bekannte Sokratesschüler und Begründer der platonischen Akademie, der bei seinen Aufenthalten in Unteritalien Kontakt zu Pythagoreern hatte, vgl. Archytas von Tarent. Seine Seelenlehre wirkte stark auf die Folgezeit, auch in Rom, wo sie sich mit Vorstellungen vom Weiterleben bedeutender Personen im Gedächtnis der Nachwelt verband. (C)

PLAUTUS: T. Maccius Plautus, neben Terenz der berühmteste Komödiendichter, aus Umbrien, schrieb noch in vorgerücktem Alter erfolgreiche Komödien, gest. um 184. (C)

Q. POMPEIUS [NEPOS]: Er hatte Scipio versprochen, Laelius bei der Bewerbung um das Konsulat zu unterstützen, bewarb sich dann aber selbst (Konsul 141). (L)

Q. POMPEIUS: Q. Pompeius Rufus, mit Sulla 88 Konsul, kam in den Auseinandersetzungen zwischen Marius und Sulla 87 um, vgl. Q. Sulpicius Rufus. (L)

PONTIFEX: Mitglied des angesehensten römischen Priesterkollegiums, das über die Einhaltung der Riten und Kultbräuche wachte und auch die Daten des Kalenders verkündete. Die Pontifices waren wie die Auguren keine Mitglieder einer Priesterkaste, sondern übten ihre Ämter als staatsbürgerliche Aufgabe aus. (L)

GAIUS PONTIUS: Vater des gleichnamigen Feldherrn der Samniten, der die Römer 321 bei Caudium schlug. (C)

TITUS PONTIUS: durch seine ungewöhnlichen Körperkräfte damals bekannt, diente im Heer des jüngeren Scipio. (C)

P. POPILIUS LAENAS: Konsul 132, Gegner des Tiberius Gracchus, hielt eine gerichtliche Untersuchung gegen die Anhänger der Gracchen ab, wurde 123 auf Betreiben des Gaius Gracchus verbannt, 121 wieder zurückgerufen. (L)

SP. POSTUMIUS: Sp. Postumius Albinus, Konsul 334 und 321, s. Caudium.

PYRRHOS: König von Epirus 319–272, mit dem Herrscherhaus Alexanders des Großen verwandt, kämpfte gegen dessen Nachfolger, die Diadochen, wandte sich gegen Rom, wo er in Italien 280, 279 und 275 verlustreiche Siege errang (»Pyrrhussieg«) und sich schließlich zurückzog. P. entließ römische Gefangene ehrenvoll und ohne Lösegeld nach Hause, was zu seinem positiven Bild beitrug. Siehe auch Curius, Fabricius, Kineas. (L, C)

PYTHAGORAS: Wissenschaftler und Philosoph des 6. Jh.s, aus Samos, gründete in Kroton in Unteritalien den Bund der Pythagoreer, eine Lehr- und Lebensgemeinschaft mit strengen Regeln und Vorschriften. Ihr Glaube an die Seelenwanderung hat Platon beeinflusst. (C)

RUPILIUS, L. UND P.: Freunde des Laelius und Scipio, von Letzterem bei der Bewerbung ums Konsulat unterstützt. P. Rupilius hielt 132 als Konsul zusammen mit P. Popilius Laenas die gerichtliche Untersuchung über die Bestrafung von Anhängern der Gracchen ab. (L)

P. RUTILIUS: P. Rutilius Rufus, Konsul 105, mit Laelius und Scipio befreundet, philosophisch gebildet, Hörer des Stoikers Panaitios, Redner und Rechtsgelehrter. Er machte sich bei der Verwaltung der Provinz Asia in Kleinasien bei den Steuerpächtern unbeliebt, weil er deren ausbeuterische Methoden anprangerte. Sie setzten 92 seine Verurteilung in einem Prozess durch, er ging in die Verbannung. Cicero hat ihn 78 in Smyrna besucht, lässt ihn als Übermittler der Gespräche in seiner Staatsschrift auftreten. Er gehört zu den Vorbildgestalten Roms, so auch für Seneca. (L)

ROMULUS: der legendäre Gründer Roms, wurde nach seinem Tode zu den Göttern entrückt und als Quirinus, ursprünglich eine lokale Gottheit, verehrt. (S)

C. SALINATOR: C. Livius Salinator, Konsul 188. (C)

M. SALINATOR: Vater des Vorigen, Konsul 219, im Zweiten Punischen Krieg Befehlshaber von Tarent. (C)

SCIPIO DER ÄLTERE: P. Cornelius Scipio Africanus maior, geb. um 235, Konsul 205 und 194, Sieger über Hannibal im Zweiten Punischen Krieg bei Zama in Nordafrika (202), daher sein Beiname. Sein gleichnamiger kränklicher Sohn adoptierte den jüngeren Scipio aus der Familie des Aemilius Paulus (Scipio Aemilianus Africanus minor). Der ältere Scipio ist also dessen (Adoptiv-)Großvater. Er tritt am Schluss von Ciceros Staatsschrift auf im *Somnium Scipionis – Scipios Traum* und zeigt seinem Enkel den Lohn des Staatsmannes im Jenseits. (C, S)

SCIPIO DER JÜNGERE: P. Cornelius Scipio Aemilianus Africanus minor Numantinus, leiblicher Sohn des Aemilius Paulus, vom Sohn des älteren Scipio adoptiert, geb. 185, Konsul 147 und 134, Zerstörer Karthagos 146 und Numantias 133. Haupt eines Freundeskreises, des sog. Scipionenkreises, der sich literarischer und philosophischer Bildung widmete und Rom für griechische Einflüsse öffnete. Freund des Laelius wie auch des Stoikers Panaitios und des Geschichtsschreibers Polybios. Für Cicero die ideale Verkörperung des römischen Staatsmannes, Hauptredner in seiner Staatsschrift, Gewährsmann des Laelius für viele seiner Gedanken über die Freundschaft im *Laelius*, mit Laelius zusammen Dialogpartner Catos in Ciceros *Cato maior – Vom Alter*. Sein plötzlicher und unerklärlicher Tod mit 56 Jahren führte zu Vermutungen, er sei ermordet worden. Vgl. Carbo. (L, C, S)

GNAEUS SCIPIO: Cn. Cornelius Scipio Calvus, Konsul 222, fiel im Zweiten Punischen Krieg 212 in Spanien. (C)

PUBLIUS SCIPIO: P. Cornelius Scipio, Konsul 218, Bruder des Vorigen, fiel ebenfalls in Spanien, Vater des Scipio Africanus maior, des Älteren. (C)

PUBLIUS SCIPIO siehe Nasica. (C)

SERIPHOS: kleine Kykladeninsel. (C)

C. SERVILIUS AHALA: Reiteroberst des Diktators L. Quinctius Cincinnatus (s. d.), tötete im Auftrag des Senats den Sp. Maelius (s. d.). (C)

SIMONIDES: um 556–468, griechischer Lyriker aus Keos, bekannt auch für seine Mnemotechnik, Gedächtniskunst. Mit 80 Jahren gewann er noch einen dichterischen Wettbewerb in Athen. Er starb hochbetagt am Hof des Hieron in Syrakus. (C)

SOKRATES: 470–399, athenischer Philosoph, dessen unbedingtes Eintreten für die Erforschung der Wahrheit für die Nachwelt bestimmend blieb. Seine Schüler Platon und Xenophon zeichneten ein eigenes Bild von ihrem Lehrer; seine Persönlichkeit und sein tapferer Tod aufgrund eines ungerechten Urteils machten ihn in Rom zu einer Vorbildgestalt, bei Cicero wie auch bei Seneca. (L, C)

SOLON: um 640–560, athenischer Staatsmann, Gesetzgeber und Dichter, zu den Sieben Weisen gezählt. (C)

SOPHOKLES: um 496–406, mit Aischylos und Euripides der bedeutendste Tragödiendichter der Antike. Sein spätes Drama *Ödipus auf Kolonos* (406/405) schildert das Ende des Ödipus, der in Athen Zuflucht findet (Kolonos ist ein Bezirk Athens). (C)

STESICHOROS: griechischer Lyriker des 6. Jh.s, lebte in Sizilien. Seine Gedichte, die er zur Leier vortrug, waren sehr lang; der Vortrag erforderte also ein gutes Gedächtnis. (C)

P. SULPICIUS: P. Sulpicius Rufus, als junger Mann Mitunterredner in

Ciceros *De oratore – Vom Redner* (vgl. 3,11). Im Jahr 88 Volkstribun, mit Atticus bekannt, ging von der Partei Sullas zu der des Marius über, also von der Nobilität zur Volkspartei, und beantragte, den Oberbefehl im Krieg gegen Mithridates von Sulla an Marius zu übertragen. Das führte zu Sullas Marsch auf Rom und seiner folgenden Terrorherrschaft. Q. Pompeius Rufus, mit Sulla 88 Konsul, auf dessen Seite stehend, kam im Verlauf der blutigen Unruhen um. Sulla ließ Sulpicius Rufus 88 ermorden. Vgl. Velleius Paterculus, *Römische Geschichte* 2,18,5 f., 19,1. (L)

TARENT: bedeutende Stadt in Unteritalien, griechische Gründung, Sitz der Pythagoreer. Ging 212 im Zweiten Punischen Krieg zu Hannibal über, 209 von Q. Fabius Maximus für die Römer zurückerobert. (C)

L. TARQUINIUS SUPERBUS: letzter römischer König, von etruskischer Abkunft, 510 von L. Junius Brutus vertrieben, wurde zum Typus des Tyrannen. Seitdem stand auf das (angebliche) Streben nach der Alleinherrschaft, der Königswürde, die Todesstrafe. (L)

TARTESSOS: Stadt in Südspanien, reich durch Zinn- und Silberhandel, oft mit Gades gleichzeitig genannt, dem Handelsplatz von T. (C)

TERENZ: P. Terentius Afer, römischer Komödiendichter, 195/194 in Karthago geboren; seine Stücke *Das Mädchen von Andros*, *Der Eunuch*, *Adelphoe – Die Brüder* wurden 166 bzw. 161 und 160 aufgeführt. Er verkehrte im Freundeskreis des Scipio und Laelius. (L, C)

THEMISTOKLES: Sieger 480 in der Seeschlacht von Salamis gegen die Perser, wurde um 470 infolge politischer Differenzen verbannt und ging zu den Feinden Athens, erst nach Argos, dann nach Kleinasien zu den Persern, wo er um 458 starb, wie es heißt durch Selbstmord. Zu den Gründen vgl. Cornelius Nepos' Vita des Themistokles 10. (L)

THERMOPYLEN: Gebirgspass in Mittelgriechenland, berühmt durch den Kampf und Tod des Leonidas und seiner 300 Spartaner gegen die Perser (480); Cato kämpfte dort 191 gegen Antiochos III. von Syrien, errang den Sieg durch ein kühnes Umgehungsmanöver. (C)

TIMON: aus Athen, wurde sprichwörtlich als Sonderling und Menschenverächter, vgl. Shakespeare, *Timon von Athen.* (L)

TITHONOS: schöner Jüngling, Bruder des Priamos, von Eos, der Göttin der Morgenröte, entführt. Sie erbat ihm von Zeus Unsterblichkeit, aber keine ewige Jugend, so dass er ein hinfälliger Greis wurde. (C)

TUDITANUS: M. Sempronius Tuditanus, Konsul 240. (C)

TUDITANUS: P. Sempronius Tuditanus, Konsul 204. (C)

M. VALERIUS CORVINUS: Staatsmann und Feldherr, Konsul 348, 346, 343, 335, 300, 299, hat der Tradition gemäß seine letzten Ämter als Konsul und Diktator noch in höchstem Alter ausgeübt und starb 100-jährig auf seinem Landgut. (C)

VECELLINUS: Sp. Cassius Vecellinus, Konsul 502, 493, 486, brachte wie später die Gracchen ein Gesetz zur Verteilung von Ackerland ein und wurde von den Gegnern dieses Gesetzes wegen angeblichen Strebens nach der Alleinherrschaft getötet. (L)

A. VERGINIUS: Schüler des Mucius Scaevola Pontifex, Rechtsgelehrter. (L)

T. VETURIUS: T. Veturius Calvinus, Mitkonsul des Sp. Postumius Albinus, siehe Caudium. (C)

VOCONIUS: Q. Voconius Saxa, Volkstribun 169, brachte mit Unterstützung Catos ein erbrechtliches Gesetz ein. (C)

XENOKRATES: aus Chalkedon, 396–314, Schüler Platons, Leiter der platonischen Akademie 339–312. (C)

XENOPHON: Schriftsteller, aus Athen, um 430–354, Schüler des Sokrates, nahm am Zug des jüngeren Kyros teil (s. d.), leitete nach dessen Tod den Rückmarsch der griechischen Söldner, beschrieben in seiner *Anabasis.* Er verfasste u. a. eine *Griechische Geschichte*, *Das Gastmahl* und Erinnerungen an seinen Lehrer Sokrates. In seiner Schrift *Oikonomikós – Über die Hauswirtschaft* lässt er Sokrates in einem Gespräch mit dem Athener Kritobulos von der Begegnung des spartanischen Feldherrn Lysander mit dem jüngeren Kyros berichten (20 ff.). (C)

ZENON: 334–262, griechischer Philosoph, Gründer der stoischen Schule in Athen. (C)

Zeittafel

(Alle Jahreszahlen v. Chr.)

106 3. Januar: Marcus Tullius Cicero als Sohn eines römischen Ritters in Arpinum geboren

91 Cicero in Rom. Ausbildung als Redner und Anwalt, 90 – um 87 bei Mucius Scaevola Augur

80 Erste große Gerichtsrede unter Sullas Diktatur: *Für Sextus Roscius aus Ameria*

79–77 Bildungsreise nach Griechenland

75 Cicero Quaestor in Sizilien

70 Erstes Konsulat des Pompeius und Crassus. Cicero siegreich als Anwalt im Verres-Prozess; führender Anwalt Roms

66 Cicero Praetor. Erste Staatsrede: *Für den Oberbefehl des Pompeius* im Mithridatischen Krieg

63 Cicero Konsul. Aufdeckung der Verschwörung des Catilina. 5. Dezember: Senatssitzung und Beschluss des Todesurteils gegen die Catilinarier. Vier *Catilinarische Reden* Ciceros

60 Erstes Triumvirat zwischen Caesar, Pompeius und Crassus zur Durchsetzung ihrer politischen Ziele

59 Der Volkstribun Clodius setzt unter Duldung Caesars die Ächtung und Verbannung Ciceros durch wegen seines Vorgehens gegen die Catilinarier

58–57 Cicero in der Verbannung in Dyrrhachium und Thessalonike

57 4. September: Rückkehr Ciceros

56 Ciceros *Rede für Sestius*: Programm eines Zusammenschlusses aller staatstreu Gesinnten (*consensus bonorum omnium*). Die Triumvirn erneuern ihr Bündnis auf der Konferenz von Lucca und bestimmen das politische Leben in Rom. Cicero ohne Einfluss

55–51 Ciceros erste schriftstellerische Periode: *De oratore – Vom Redner, De re publica – Vom Staat, De legibus – Von den Gesetzen*

55 Zweites Konsulat des Pompeius und Crassus

53 Entfremdung zwischen Caesar und Pompeius. Crassus fällt bei Carrhae gegen die Parther. In Rom Bandenterror des Clodius

51 Cicero Statthalter in Kilikien (Kleinasien), er wird zum Imperator ausgerufen

49 Verhandlungen über Caesars Kommando in Gallien. Zuspitzung des Konflikts zwischen dem Senat und Caesar. 4. Januar: Rückkehr Ciceros, sein Vermittlungsversuch scheitert. 11. Januar: Caesar überschreitet den Rubikon. Beginn des Bürgerkriegs. 7. Juni: Cicero geht ins Lager des Pompeius und der Senatspartei

48 9. August: Niederlage des Pompeius bei Pharsalos; seine Ermordung in Ägypten. Rückkehr Ciceros nach Brundisium

47 Caesar in Ägypten und Kleinasien. 25. September: Begnadigung Ciceros, Rückkehr nach Rom. Caesar Diktator, Cicero politisch kaltgestellt

46–44 Ciceros zweite schriftstellerische Phase: u. a. *Tusculanae disputationes – Gespräche in Tusculum, Laelius – Über die Freundschaft, Cato maior de senectute – Über das Alter, De officiis – Vom pflichtgemäßen Handeln.* Reden für ehemalige Pompeianer vor Caesar: *Für Marcellus, Für Ligarius, Für den König Deiotarus*

44 15. März: Ermordung Caesars. Die Caesarmörder Brutus und Cassius können sich in Rom gegen Marcus Antonius nicht halten

44–43 Erneuter Bürgerkrieg. Cicero Führer der Senatspartei: Er hält die *Philippischen Reden* gegen Marcus Antonius, versucht, Caesars Adoptivsohn Octavian auf der Linie des Senats zu halten. Dieser verbündet sich jedoch mit Antonius und Lepidus zu einem Triumvirat. Die Triumvirn errichten eine Militärdiktatur mit der Ächtung der politischen Gegner (schwarze Listen, Proskriptionen)

43 7. Dezember: Cicero wird als Opfer der Proskriptionen ermordet

42 Niederlage und Tod der Caesarmörder Brutus und Cassius bei Philippi gegen Antonius und Octavian (den späteren Augustus)

31 Kampf um die Alleinherrschaft zwischen Octavian und Antonius, Sieg des Octavian in der Schlacht von Actium

30 Octavian-Augustus Alleinherrscher, ernennt Ciceros Sohn Marcus zum Konsul

Literaturhinweise

Textausgaben:

M. Tullius Cicero: Scripta quae manserunt omnia.
Faszikel 47: Cato maior. Laelius. Rec. Kurt Simbeck. Leipzig: Teubner, 1917. ND Stuttgart 1971.
Faszikel 39: De re publica. Rec. Konrat Ziegler. 7. Aufl. Leipzig: Teubner, 1969. [Zugrundeliegende Ausgabe.]

M. Tulli Ciceronis De re publica. De legibus. Cato maior de senectute. Laelius de amicitia. Rec. Jonathan G. F. Powell. Oxford: Clarendon, 2006.

Kommentierte Ausgaben:

Fitzek, A. (Hrsg.): Laelius. De amicitia. Paderborn 1956 [u. ö.].

Hommel, H. / Meister, K. (Hrsg.): Laelius. De amicitia. 4. Aufl. Heidelberg 1955.

Zink, N. (Hrsg.): Persönliche Bindung und Gemeinschaft. Ciceros Laelius de amicitia. Frankfurt a. M. 1977.

Neuhausen, K. A. (Hrsg.): Laelius. Einl. und Komm. Heidelberg 1981–92. [Unvollständig.]

Powell, J. G. F. (Hrsg.): Cicero: Laelius, On Friendship and The Dream of Scipio. Ed. with an Introduction, Translation and Commentary. Warminster 1990.

Herter, H. (Hrsg.): Cato maior. Heidelberg 1949. [ND Würzburg 1980.]

Powell, J. G. F. (Hrsg.): Cicero. Cato Maior De Senectute. Ed. with Introduction and Commentary. Cambridge University Press u. a. 1988.

Zweisprachige Ausgaben:

Cicero: Laelius de amicitia – Laelius. Über die Freundschaft. Lat.-dt. Hrsg. von M. Faltner. München 1963.

– Laelius de amicitia – Laelius über die Freundschaft. Lat.-dt. Hrsg. von M. Giebel. Stuttgart 2014, 2015.
– Cato maior de senectute – Cato der Ältere. Über das Alter. Lat.-dt. Hrsg. von M. Faltner. München 1963.
– Cato der Ältere über das Alter – Laelius über die Freundschaft. Lat.-dt. Hrsg. von M. Faltner. Einf. und Reg. von G. Fink. München/Zürich 1988. [3. Aufl. 1999.]
– Cato maior de senectute – Cato der Ältere über das Alter. Lat.-dt. Hrsg. von H. Merklin. Stuttgart 1998 [u. ö.].
– De re publica – Vom Staat. Lat.-dt. Hrsg. von M. von Albrecht. Stuttgart 2013.

Weiterführende Literatur:

Bringmann, K.: Untersuchungen zum späten Cicero. Göttingen 1971.
Büchner, K.: Cicero. Bestand und Wandel seiner geistigen Welt. Heidelberg 1964.
– Somnium Scipionis. Quellen, Gestalt, Sinn. Wiesbaden 1976.
Burkert, W.: Cicero als Platoniker und Skeptiker. In: Gymnasium 72 (1965) S. 175–200.
Erler, M.: Römische Philosophie. In: F. Graf (Hrsg.): Einleitung in die lateinische Philologie. Stuttgart/Leipzig 1997. S. 537–598. [Cicero: S. 555–562.]
Fuhrmann, M.: Cicero und die römische Republik. Eine Biographie. München/Zürich 1991.
Fürst, A.: Streit unter Freunden. Ideal und Realität in der Freundschaftslehre der Antike. Stuttgart/Leipzig 1996.
– Freundschaft als Tugend. Über den Verlust der Wirklichkeit im antiken Freundschaftsbegriff. In: Gymnasium 104 (1997) S. 413–433.
Gelzer, M.: Cicero. Ein biographischer Versuch. Wiesbaden 1969. [Zu *Laelius* und den Matiusbriefen: S. 352–357.]
Giebel, M.: Cicero. Reinbek bei Hamburg 1977. [18. Aufl. 2013.]
Görgemanns, H.: Die Bedeutung der Traumerklärung im Somnium Scipionis. In: Wiener Studien 81, NF 2 (1968) S. 46–69.

Görler, W.: Untersuchungen zu Ciceros Philosophie. Heidelberg 1974.

Harder, R.: Über Ciceros Somnium Scipionis. In: R. H.: Kleine Schriften. München 1960. S. 354–395.

Heldmann, K.: Ciceros Laelius und die Grenzen der Freundschaft. Zur Interdependenz von Literatur und Politik 44/43 v. Chr. In: Hermes 104 (1976) S. 72–103.

Klingner, F.: Cicero. In: F. K.: Römische Geisteswelt. 4. Aufl. München 1961. S. 110–159.

– Cato Censorius und die Krisis Roms. In: F. K.: Römische Geisteswelt. 4. Aufl. München 1961. S. 34–65.

Leeman, A. D. (Hrsg.): Die römische Literatur in Text und Darstellung: Republikanische Zeit. Bd. 2. Stuttgart 1985 [u. ö.].

Maurach, G.: Geschichte der römischen Philosophie. Eine Einführung. Darmstadt 1989. [3. Aufl. 2006.]

Narducci, E.: Cicero. Eine Einführung. Stuttgart 2012.

Schuller, W.: Cicero und der letzte Kampf um die Republik. Eine Biographie. München 2013.

Seel, O.: Cicero. Wort, Staat, Welt. Stuttgart 1953. [3. Aufl. 1967.]

Steidle, W.: Einflüsse römischen Lebens und Denkens auf Ciceros Schrift De oratore. In: B. Kytzler (Hrsg.): Ciceros literarische Leistung. Darmstadt 1973. (Wege der Forschung. Bd. 240.) S. 372–420.

Strasburger, H.: Ciceros philosophisches Spätwerk als Aufruf gegen die Herrschaft Caesars. Hildesheim 1990.

Stroh, W.: Cicero. Redner, Staatsmann, Philosoph. München 2008.

Suerbaum, W.: Cicero (und Epikur) über die Freundschaft und ihre Probleme. In: Der Begriff Freundschaft in der Geschichte der Europäischen Kultur. Hrsg. von der Akademie deutsch-italienischer Studien unter L. Cotteri. Meran 1995. S. 136–167.

Nachwort

Als der junge Cicero aus seiner Heimatstadt Arpinum nach Rom kam, war er begierig, die führenden Männer kennen zu lernen, die als Senatoren, Konsuln und Feldherren die Geschicke des Reiches bestimmten. Mit ihrer Redekunst, ihrer Kenntnis des Rechts und ihrer politischen Erfahrung in Krieg und Frieden repräsentierten sie die Staatsgesinnung der Vorfahren und genossen hohe Wertschätzung.

Nachdem Cicero seine Elementarausbildung beendet hatte und mit dem Anlegen der *toga virilis*, des Männergewandes, zu den Erwachsenen zählte, brachte ihn sein Vater zu einem dieser Politiker, die in der Rolle des *elder statesman* junge Leute in ihr Gefolge aufnahmen. Diese absolvierten das *tirocinium fori*, die Lehrzeit auf dem Forum: Sie begleiteten einen älteren erfahrenen Politiker in die Senatssitzungen, hörten seine Reden auf dem Forum, vor Gericht und bei Wahlversammlungen, waren dabei, wenn Rechtsgutachten erteilt wurden, und erhielten so einen lebendigen Einblick ins politische Leben in Rom. Ihr Mentor diskutierte mit ihnen, ließ sie selber argumentieren, verbesserte ihren Redestil und schärfte ihr Urteil. Die *auctoritas*, die Autorität des Älteren, beruhte nicht nur auf seinen Kenntnissen, seiner Erfahrung und der daraus gewonnenen Geltung, sondern auch auf der Wirkung seiner Persönlichkeit im täglichen Umgang. So entstand eine enge Bindung des Jüngeren an den Älteren, eine lebenslange Prägung, die weit über eine bloße Wissensvermittlung hinausging.

Cicero erinnert sich dankbar der bedeutenden Männer, die er kennen lernen durfte: die Redner Lucius Licinius

Crassus und Marcus Antonius und den berühmten Rechtsgelehrten Quintus Mucius Scaevola, von dem er am Anfang seines Dialogs *Laelius* erzählt. Der geradezu väterliche Ton der Unterweisung, die Bereitschaft des Älteren, seine Erfahrungen weiterzugeben, und der Lerneifer der Jüngeren – diese von warmer Sympathie getragene erzieherische Situation hat Cicero zur Form seiner philosophischen Schriften angeregt: Es sind keine Kathederreden, sondern Dialoge, in denen Personen der römischen Vergangenheit oder Zeitgenossen, Freunde, auftreten, die sich oft an Ferientagen in einer Villa treffen und gemeinsam über ein bestimmtes Thema diskutieren. In Ciceros Schriften vom Staat (*De re publica*) sowie *Laelius* und *Cato*, die von der Freundschaft und vom Alter handeln, ist die Situation des fruchtbaren Zusammenseins der Generationen gestaltet. Von einer Bitte der Jüngeren an die Älteren um Belehrung über bestimmte Fragen nehmen die Dialoge ihren Ausgang. Cicero selbst hat schließlich seine gesamte schriftstellerische Tätigkeit unter diesen Aspekt gestellt: Er wolle, wie es die Pflicht eines erfahrenen älteren Römers sei, seine Mitbürger, besonders die jüngeren, belehren und erziehen.

Sein Lehrer Mucius Scaevola verkörperte für Cicero in besonderer Weise die römische Tradition, war er doch nicht nur ein berühmter Rechtsgelehrter, sondern auch Schwiegersohn des Laelius mit dem Beinamen Sapiens, ›der Weise‹: der Freund des großen Scipio, des Zerstörers von Karthago.

Scaevola reichte damit noch hinein in den schon legendären Freundeskreis der Scipionen, die durch geistige Aufgeschlossenheit und ihre Verbindung zu Gelehrten wie dem Stoiker Panaitios und dem Geschichtsschreiber Polybios sich der griechischen Bildung und Kultur geöffnet hatten und damit zu ihren Wegbereitern in Rom geworden waren. Die griechische Bildung stieß bei den Römern im zweiten, aber auch noch bis zur Mitte des ersten vorchristlichen Jahrhunderts teilweise auf Ablehnung, zumindest auf mancherlei Vorbehalte: Wie sollte man als Römer die politisch unterlegenen Griechen mit ihrer spitzfindigen und oft lebensfremden Gelehrsamkeit als Lehrmeister gelten lassen? Wie vertrug sich römische *gravitas*, Ernst und Würde, mit der *levitas*, der leichtfertigen und leichtherzigen Art der Griechen? Doch gab es auch verwandte Anschauungen, wie die Ethik der Stoa, die mit der römischen Pflichtauffassung und dem vom Römer geforderten Dienst an der Gemeinschaft in Übereinstimmung zu bringen war. Wenn Laelius den Beinamen Sapiens, ›der Weise‹, trug, so zeigte sich darin eine geglückte Verbindung von griechischer und römischer Bildung: Dieser Weise war keine Idealfigur aus der Studierstube; seine Weisheit war Lebenserfahrung und Einsicht als Staatsmann, als Konsul und Feldherr, zugleich aber war er ein Mensch mit geistigen Interessen, dessen griechische Bildung nicht der Auflösung, sondern der Vertiefung des römischen Wertebewusstseins diente.

Für den noch nicht zwanzigjährigen Cicero war es geradezu spannend, in diese Atmosphäre hineingenommen zu sein: Er konnte sich mit Laelia unterhalten, der Tochter des Laelius Sapiens und Gattin des Scaevola, und noch Jahrzehnte später rühmte er die Eleganz ihrer Sprache, die sie von ihrem Vater übernommen und an ihre Töchter weitergegeben habe. Sie selbst aber musste als Kind noch den großen Scipio erlebt haben! Cicero fand hier die lebendige

Erinnerung an große Männer, die römisches Staatsbewusstsein mit griechischer Bildung verbunden hatten. Dies entsprach seinem Ideal, und er hatte damit Vorbilder, denen er nacheifern konnte. Er stammte ja nicht aus der Nobilität, dem exklusiven Kreis der alten Adelsfamilien Roms mit ihren erlauchten Ahnenreihen, die mit Hilfe eines Netzwerks persönlicher Verbindungen die Politik bestimmten und die Staatsämter unter sich verteilten. Wenn er als Angehöriger des zweiten Standes, der Ritter, in der hohen Politik eine Rolle spielen wollte, musste er als *homo novus*, als Aufsteiger oder Emporkömmling, durch besondere Leistungen auf sich aufmerksam machen. Dazu gehörte die Redekunst, die Voraussetzung für Erfolg in der Öffentlichkeit, und sie war ohne die Systematik, wie sie in der griechischen Rhetorik entwickelt worden war, nicht mehr denkbar. Wer aber nicht nur brillant reden, sondern auch profund argumentieren wollte, der brauchte dazu die Philosophie der Griechen. Cicero studierte sie eifrig; sie sollte ihm nicht nur ein Hilfsmittel der Argumentation werden, sondern eine feste Basis für sein Leben und Denken bieten. Das galt besonders für die Schule Platons, die Akademie, die er durch Philon von Larissa kennen lernte, der 88 v. Chr. nach Rom kam und dort Vorlesungen in Philosophie und Rhetorik hielt. Er vertrat die Neue, sogenannte skeptische Akademie. Sie lehrte, die Sinneswahrnehmungen vermittelten keine absolute Gewissheit, sondern nur das Wahrscheinliche (*verisimile*). Durch sorgfältiges Prüfen und Vergleichen der vorliegenden Meinungen, etwa in Form des Pro- und Contra-Argumentierens, käme man jeweils zum Glaubhaften und Annehmbaren, dem *probabile*. Ohne strenge Dogmatik und ohne Absolutheitsanspruch bot diese philosophische Richtung die Möglichkeit, sich im Einzelnen an die Thesen verschiedener Schulen anzuschließen, ein Eklektizismus durchaus in positivem Sinne. Die Akademie ist für Cicero das *genus philosophandi minime adrogans*[1], die am wenigsten doktrinäre Schule, die ihm eine umso größere Freiheit des Denkens gewährt, weil sie das eigene Urteil in keiner Weise einschränkt und niemanden verpflichtet, auf eine Lehrmeinung zu schwören. Diesen positiven Aspekt der Freiheit des Geistes betont Cicero immer wieder. Da aber die Wahrheit im Verborgenen liegt und nur das jeweils Wahrscheinliche gefunden werden kann, ergibt sich die Pflicht zur Toleranz gegenüber der Meinung eines anderen. Dies darf freilich niemals so weit gehen, die eigenen sittlichen Grundsätze aufzugeben. Hier macht Cicero von seinem Recht der Wahl Gebrauch: Die Pflichtenlehre der Stoiker entspricht römischen Vorstellungen, wie sie für ihn bestimmend sind; was sittlich gut ist, den Mitmenschen und der staatlichen Gemeinschaft nützt, das ist ernsthaftem Nachdenken jeweils zugänglich und muss in die Tat umgesetzt werden. So hatten es die Vorbilder seiner Jugend gehalten, die Persönlichkeiten um Scipio, die er, der *homo novus*, als eine Art geistiger Ahnengalerie idealisierend für sich in Anspruch nahm.

Einen letzten Vertreter dieses Kreises lernte er während seiner Studienjahre im griechischen Osten kennen: Publius Rutilius Rufus, Konsul 105 v. Chr., war ein ehemaliger Freund des Laelius und Scipio, Schüler des stoischen Philosophen Panaitios. Er lebte in Smyrna in der Verbannung,

1 *De divinatione – Von der Weissagung* 2,1.

seit die räuberischen Steuerpächter in der Provinz, deren Treiben er angeprangert hatte, in einem Prozess seine Verurteilung durchgesetzt hatten. Cicero war so beeindruckt von ihm, der römisches Staatsdenken und stoische Philosophie verband, dass er ihm Jahrzehnte später in seinem eigenen politisch-philosophischen Hauptwerk *De re publica* eine wichtige Rolle zuwies: Er gibt vor, den Inhalt, nämlich den Dialog zwischen Scipio und seinen Freunden, von Rutilius Rufus in Smyrna gehört zu haben.

Cicero hatte die übliche Bildungsreise des jungen Römers verspätet angetreten: Die Machtkämpfe zwischen Marius und Sulla hatten zu blutigem Bürgerkrieg geführt, dem ersten, den Cicero erleben musste. Er studierte in Athen beim Leiter der platonischen Akademie, hörte auf Rhodos den bedeutenden Philosophen und Wissenschaftler, den Stoiker Poseidonios, und hatte dort bei Apollonios Molon auch seinen rednerischen Stil verfeinert. Sein Lehrer verabschiedete ihn mit dem wehmütigen Kompliment, nun hätten die Griechen auch noch den letzten Vorrang vor den Römern verloren, den in der Redekunst. Cicero konnte als Resümee seiner Studien sagen: »Was ich als Redner bin, das habe ich nicht aus den Rhetorenwerkstätten, sondern aus den Wandelgängen der Akademie.«[2] Im umfangreichen Schrifttum besonders seiner letzten Jahre wird er nicht nur als Redner, sondern als Schriftsteller und Denker den »Wandelgängen der Akademie« seinen Dank abstatten. Er wird Platons Dialogen, diesem Höhepunkt griechischer Literatur, in seinen dialogisch geprägten Werken etwas genuin Römisches an die Seite stellen.

2 *Orator – Der Redner* 12.

In Athen hatte er im Jahr 79 auch seinen Freund Titus Pomponius getroffen, der dort lebte und wegen seiner Liebe zur griechischen Bildung und seiner hilfreichen Haltung gegenüber der Stadt den Beinamen Atticus erhalten hatte. Er gehörte wie Cicero nicht zur Nobilität, sondern zum Ritterstand, war aber als Anhänger der Philosophie des Epikur mit einem Leben in ruhiger Zurückgezogenheit zufrieden und zeigte keine Neigung, sich in Rom in den politischen Kampf um Ämter und Einfluss zu stürzen. Ebendies hatte Cicero vor; er profilierte sich als Anwalt in aufsehenerregenden Prozessen, wie gegen den räuberischen Statthalter Verres, wurde zum führenden Anwalt Roms und hatte die staatlichen Ämter des Quästors, Ädils und Prätors inne. Als Konsul im Jahr 63 stand er auf der Höhe seines Ansehens. Nachdem er die Verschwörung des Catilina aufgedeckt und niedergeschlagen hatte, feierte ihn das Volk als *pater patriae*, Vater des Vaterlandes. Freilich hatten die adelsstolzen Senatoren der Wahl des Emporkömmlings nur zugestimmt, weil Cicero das kleinere Übel war gegenüber dem anderen Bewerber, einem Catilina, der, lange geduldet, mit seinen Umsturz- und Umverteilungsplänen zu einem Sicherheitsrisiko für seine adligen Standesgenossen geworden war. Ciceros Programm einer Einheit aller staatstragenden Stände, seine Forderung, die Adligen, die sich die Optimaten nannten, müssten auch *optimi*, die Besten sein, fand auf die Dauer keine breite Resonanz. Was wollte der »Romulus aus Arpinum« mit seinen Moralpredigten, fragten sich manche. Dazu kam, dass Ciceros Ideal einer *res publica*, eines Gemeinwesens, das wahrhaft die Sache aller war, keine Basis haben konnte angesichts des rücksichtslosen Machtstrebens von Caesar und seinen Genossen Pompeius und Crassus, die sich zu einem Triumvirat verbündeten, einem Dreierbund, der die staatlichen Organe lahmlegen und den Verbündeten die Mittel zur alleinigen Herrschaft verschaffen sollte. Die *res publica* wurde zur *res privata*, zur Sache der drei Machthaber.

Diese wollten den großen Redner für sich gewinnen, doch Cicero lehnte ab. Da ließen sie einen persönlichen Feind auf ihn los, den Volkstribunen Publius Clodius, der mit Hilfe eines rückwirkenden Gesetzes Cicero, den Vater des Vaterlandes, wegen angeblich ungesetzlicher Hinrichtung der Catilinarier in die Verbannung trieb. Cicero ertrug sein Exil, wie aus seinen Briefen ersichtlich, nicht mit stoischem Gleichmut, sondern mit höchst menschlichen Gefühlen. Spannungen zwischen den Machthabern führten zu seiner Rückberufung, doch die von ihm erneut propagierte Einheitsfront aller Gutgesinnten zur Erneuerung der *res publica* scheiterte: Die Machthaber erneuerten ihr Bündnis, Cicero war politisch kaltgestellt.

In diese Zeit fällt seine erste schriftstellerische Periode mit den Dialogen *De oratore – Vom Redner*, *De re publica – Vom Staat* und *De legibus – Über die Gesetze*. Der ideale Redner muss nicht nur Fachkenntnisse aller Art besitzen, sondern philosophisch gebildet und von ethischen Grundsätzen geleitet sein. Die ursprüngliche Einheit von Redekunst und Weisheit soll wiederhergestellt werden, zum Nutzen der Bürgerschaft, an die sich der Redner ja wendet. Das Bild des idealen Redners führt zu dem des besten Staates und des besten Staatsführers und zu den Gesetzen und staatlichen Organisationen, nicht in einem Idealstaat, wie bei Platon, sondern in Rom.

Nach dem Abschluss dieser Werke kehrte Cicero auf die

politische Bühne zurück. Als ehemaliger Konsul hatte er die Verwaltung einer Provinz zu übernehmen; er ging nach Kilikien in Kleinasien. Obwohl ihm sein adelsstolzer Vorgänger Steine in den Weg legte, bewies er durch eine am Wohl der Provinzbewohner orientierte Verwaltung, dass man die philosophischen Ideale von Gerechtigkeit und Pflichterfüllung in die Tat umsetzen konnte. Bei seiner Rückkehr waren in Rom die Auseinandersetzungen um Caesars Abberufung von seinem Kommando in Gallien eskaliert. Cicero versuchte zwischen dem Senat und Caesars Anhängern zu vermitteln, doch ohne Erfolg. Caesar überschritt den Rubikon, Cicero erlebte abermals einen Bürgerkrieg.

In der Schlacht von Pharsalos siegte Caesar im Jahre 48 über Pompeius und die Senatspartei, der sich Cicero angeschlossen hatte, und herrschte danach in Rom als Diktator. Er warb um Cicero, doch als dieser erkannte, dass Caesar entgegen seinen Ratschlägen keineswegs die Republik wiederherstellen wollte, wandte er sich seiner schriftstellerischen Tätigkeit zu, die ihm Trost sein sollte für die verlorene *res publica* und für den großen persönlichen Verlust, den er durch den Tod seiner Tochter Tullia erlitten hatte. Nun war er in der Rolle eines *elder statesman*, der die Jugend belehren konnte, doch nicht wie seine Vorbilder in einem ehrenvollen Alter, berühmt und geachtet, sondern in erzwungener Muße, in einem Staatswesen, das weit entfernt war von dem, das er in *De re publica* ausgemalt hatte.

Dennoch sah er lohnende Aufgaben vor sich: Die Männer in seiner geistigen Ahnengalerie hatten sich zwar mit Philosophie befasst, doch anhand griechischer Schriften –

es gab keine lateinischen Handbücher, ja keine Terminologie der philosophischen Lehren. Die an der Philosophie interessierten Römer waren überzeugt, man könne die Lehren der einzelnen Schulen nur im Original lesen, und dies genüge auch. Das hieß aber, auf dem Stand eines bloßen Rezipienten zu bleiben. Man musste doch diskutieren und dabei die Ansichten weiterentwickeln, sie aus römischer Sicht betrachten und modifizieren. So galt es zunächst, für die griechischen Fachausdrücke die entsprechenden lateinischen Pendants zu finden. Cicero fand sie; wenn wir heute ›Definition‹ oder ›Argumentation‹ sagen, gebrauchen wir Ausdrücke Ciceros.

Er wollte eine Gesamtdarstellung der griechischen Philosophie verfassen, an die man in Rom anknüpfen konnte. So sollte die Philosophie auch hier ihren gebührenden Platz einnehmen, wie schon die Rechtswissenschaft und die Rhetorik. Für alle Interessierten, besonders für die jungen Leute, schuf Cicero in knapp zwei Jahren, 46 bis 44 v. Chr., eine Enzyklopädie des philosophischen Wissens, aber nicht als Handbücher, sondern in der Form von Dialogen. Es sind keine Philosophen der einzelnen Fachrichtungen, die eine Vorlesung halten, sondern Persönlichkeiten der römischen Gesellschaft, die sich treffen und über ein bestimmtes Thema diskutieren: Der eine trägt die Lehre der Stoiker vor, von der er überzeugt ist, ein anderer kritisiert diese Ansicht und vertritt dagegen die Lehrmeinung der Epikureer oder der Platoniker. Man spricht durchaus kontrovers, aber immer mit Respekt vor dem anderen. Die humane Grundhaltung der Gespräche wird stets gewahrt; sie zeichnet Ciceros Philosophieren aus und bleibt beispielhaft über alle sich wandelnden Inhalte hinaus. Es wird gefragt nach dem höchsten Gut, dem Wesen der Götter, der Weissagung, und ob die Tugend zum rechten, zum glücklichen Leben ausreicht.

Nach streng geführten Abhandlungen, in denen die vielfältigen Meinungen der einzelnen Schulen behandelt werden, bieten die *Gespräche in Tusculum* eine besondere Atmosphäre: In seiner geliebten Landvilla, dem sprichwörtlich gewordenen Tusculanum, veranstaltet Cicero ein mehrtägiges Seminar mit jungen Freunden[3] wie dem als Redner und Schriftsteller hervorgetretenen Marcus Brutus, dem späteren Caesarmörder. Ihm hat Cicero die *Tuskulanen* wie auch andere Werke gewidmet. Brutus hatte Cicero nach dem Tod seiner Tochter wieder aufgerüttelt, ihm seine eigene Schrift über die Tugend zugesandt und ihn aufs Schreiben als Heilmittel verwiesen. Cicero verfasste eine *Consolatio*, eine Trostschrift an sich selbst, dann entstand der *Hortensius*, so genannt nach Ciceros großem Rednerkollegen: eine Einführungsschrift in die Philosophie, in der Tradition des Aristoteles, der mit seinem *Protreptikós* die Leser nicht nur einführen, sondern geradezu einladen wollte zum Philosophieren. Ciceros *Hortensius* ist trotz seiner großen Wirkung, etwa auf Augustinus[4], ebenso wie die Trostschrift leider verloren. Hier in den *Tuskula-*

3 Ob dieses fünftägige Gespräch mit einigen jungen Männern und Marcus Brutus wirklich so stattfand (es müssten die Tage vom 16. bis 20. Juni 45 gewesen sein, vgl. die Einleitung der Ausgabe von E. A. Kirfel) oder ob eine literarische Fiktion vorliegt, ist nicht klar zu entscheiden. Es ist bezeugt, dass Cicero auf seinem Landsitz rhetorische Schulungen (*scholae*) mit Freunden Caesars abgehalten hat.

4 *Confessiones – Bekenntnisse* 3,4,7; *De beata vita* 4.

nen kehrt Cicero zur Lehr- und Lernsituation seiner jungen Jahre zurück. Ein jüngerer Schüler stellt eine These auf, der Lehrer, also Cicero, antwortet in einem längeren Vortrag, in dem jedoch durch Unterbrechungen die Dialogsituation immer präsent gehalten wird. Es geht, wie er selbst sagt, um die Dinge, die am meisten notwendig sind, um ein glückliches Leben zu führen,[5] um die Grundfragen der menschlichen Existenz: Ist der Tod ein Übel? Kann der Schmerz ertragen werden? Lässt sich Kummer lindern? Wie kann man die Affekte bekämpfen? Genügt die Tugend allein, um ein glückliches Leben zu führen? Dazu werden die einzelnen Philosophenschulen befragt und ihre Meinungen erörtert. Im letzten, dem 5. Buch geht es um die wichtigste aller Fragen, nämlich ob die Tugend wirklich ausreicht, um den Menschen in jeder Lebenslage glücklich sein zu lassen – sozusagen auch auf der Folterbank. Cicero gibt ehrlich zu, dass er angesichts der vielfältigen Übel und Schicksalsschläge im Leben seine Zweifel hat. Aber er kann nicht zulassen, dass seine Schutzwehr, die er sich mit Hilfe der Philosophie aufgebaut hat, einstürzt. Er verweist sich die kleinmütigen Gedanken – die Tugend ist erhaben über alles, das hat vor kurzem erst das Beispiel von Brutus' Onkel gezeigt: Cato der Jüngere, der überzeugte Stoiker, hat sich von keinem Schicksalsschlag beugen lassen; anstatt sein Leben von Caesars Gnaden zu fristen, hat er im Tod

5 Vgl. die in Anm. 1, S. 173 genannte Textstelle. In dieser Vorrede zum 2. Buch des Werkes *Von der Weissagung* gibt Cicero einen Überblick über sein literarisches Schaffen und die Gründe, warum er die Philosophie im Ganzen darstellen wollte. Es sollte ein Dienst an seinen Mitbürgern sein, wie zuvor seine öffentliche Tätigkeit, von der er nun ausgeschlossen war.

von eigener Hand die Freiheit gewählt.[6] In einem hymnischen Gebet wendet sich Cicero an die Philosophie: »Du Führerin des Lebens, Entdeckerin der Tugend, Siegerin über alle Laster, was wäre das Leben der Menschen ohne dich – du hast sie überhaupt erst zu Lebensgemeinschaften zusammengeführt, Städte gegründet, Gesetze gegeben, Sitte und Ordnung gelehrt [...].[7] Zu dir nehmen wir unsere Zuflucht, von dir erbitten wir Hilfe, dir vertrauen wir uns an, wie früher schon großenteils, nun aber ganz und gar.« Die Philosophie erscheint wie eine göttliche Gestalt, so wie sie später zu Boethius in den Kerker kommt und ihn tröstet[8] – und wie sie dann aus allegorischen Darstellungen bekannt ist.

Die Philosophie tritt an die Stelle der Religion – sie ist für Cicero Lebens-, ja Überlebenshilfe. Und nicht nur für ihn: Sein Freund und Verleger Atticus teilte ihm im Mai 44, also nach Caesars Ermordung und den darauf folgenden Wirren, mit, das erste Buch der *Tuskulanen* habe ihn

6 M. Porcius Cato der Jüngere, überzeugter Stoiker, Verfechter der republikanischen Ideale, kämpfte im Bürgerkrieg gegen Caesar und nahm sich 46 v. Chr. nach der Niederlage von Thapsos in Nordafrika das Leben (von seinem Sterbeort Utica erhielt er den Beinamen Uticensis). Er ist für Seneca die große Vorbildfigur als der Weise, der philosophische Grundsätze mit römischen Tugenden verbindet, vgl. Seneca, *Glück und Schicksal*, hrsg. von M. Giebel, Stuttgart 2009/2017.

7 Tuskulanen 5,5, vgl. auch 1,64: die Philosophie als Mutter aller Künste und Fertigkeiten. Im Goldenen Zeitalter hatten, so glaubte man vielfach, die Weisen geherrscht, Gesetze gegeben und Staaten gegründet.

8 Vgl. Boethius, *Consolatio philosophiae – Trost der Philosophie* (entstanden 524 n. Chr.) und *Tuskulanen* 5,13; 5,80.

wieder aufgerichtet und gestärkt.[9] Cicero antwortet, er freue sich darüber, es gäbe ja auch keinen besseren oder derzeit näherliegenden Zufluchtsort als die Philosophie. Zu ihr will er sich gemeinsam mit dem Freund zurückziehen: Er widmet ihm zwei Schriften, die keine spekulativen, systematischen Werke sind, wie das vorausgegangene *De fato – Vom Schicksal*, in dem es um Determiniertheit und freien Willen geht – es handelt sich hier vielmehr um die Darstellung von Lebensproblemen, wie sie jeden angehen, in einer Sprache, wie sie jeder versteht.

Die Freundschaft – das Alter, beides betraf Cicero und Atticus, das *alter ego* Ciceros, dem dieser damit für seine Treue und Hilfe in den bewegten Jahren seines Lebens ein Denkmal setzen wollte. Zugleich wollte er zurückkehren zu den großen Persönlichkeiten, die ihn in seiner Jugend begeistert hatten. Ihnen legt er die Gespräche in den Mund, von ihrer Autorität werden beide Schriften getragen: von Scaevola, bei dem auch Atticus war und von dem Cicero angeblich das Gespräch über die Freundschaft gehört hat, von Laelius, der seinem Freund Scipio oft das Wort gibt, und von Cato dem Älteren, dem Vertreter altrömischer Tugenden.

9 *Briefe an Atticus* 15,3 (2)4.

Laelius – Über die Freundschaft
»Der nimmt doch wohl die Sonne aus der Welt, der die Freundschaft aus dem Leben nimmt«

Mucius Scaevola, der Mentor Ciceros, gibt in der Gesellschaft junger Leute, darunter Cicero, ein Gespräch wieder, das Laelius mit ihm selbst und seinem anderen Schwiegersohn über die Freundschaft geführt hat. Die Grundlage dieses Gesprächs ist die Freundschaft des Laelius mit Scipio Africanus, eine exemplarische Beziehung, die beide in den Rang der bekannten Freundschaftspaare aus Sage und Geschichte erhebt. (Der Leser wird damals wie heute wohl auch an Cicero und Atticus denken.) Konkreter Anlass, dieses Gespräch wiederzugeben, war für Scaevola aber etwas damals Aktuelles. Cicero erinnert in seiner Vorrede Atticus daran: ein Zerwürfnis zweier langjähriger guter Freunde, die verschiedene politische Bahnen eingeschlagen hatten, und zwar während der Machtkämpfe zwischen Marius und Sulla mit ihren blutigen Auseinandersetzungen. Es werden keine Einzelheiten genannt, Atticus kannte sie; er kam durch verwandtschaftliche Bindungen damals selbst in Lebensgefahr.[10] Cicero geht es nur um das Faktum, als vorausweisendes Motiv: Bruch einer Freundschaft, mit politischem Hintergrund. Bevor die Freundschaft selbst aber erörtert wird, steht ihr kunstvoll gestaltetes, emotionales Bild vor Augen. »Wie erträgst du, Laelius, denn den

10 Vgl. Cornelius Nepos, *De viris illustribus – Biographien berühmter Männer*: *Atticus* Kap. 2. Nepos meint sogar, Atticus habe sich angesichts der politischen Wirren und Gefahren dieser Zeit zu seinem zurückgezogenen Leben entschlossen und sei nach Athen übergesiedelt.

Tod deines besten Freundes?« So wird gefragt. Scipio war kurz zuvor in den besten Jahren gestorben, unter ungeklärten Umständen, die auf einen politischen Mord hindeuteten. Letzteres wird nicht weiter diskutiert; Laelius gibt die Trostgründe an, die ihm helfen, über den Verlust hinwegzukommen: Scipio hat alles erreicht, was sich ein Mensch nur wünschen kann, in den Staatsämtern, als Heerführer und Sieger über Roms schlimmste Feinde. Sein letzter Tag war ein Ehrentag, an dem ihm die Bürger feierlich das Geleit gaben. Wer wollte ihn da betrauern? Ist er nicht geradewegs zu den Göttern emporgestiegen? Und er wird auch nach dem Tod nicht unglücklich sein. Laelius glaubt an die Unsterblichkeit der Seele, ihr Weiterleben in göttlichen Sphären, eine Ansicht, wie sie, so sagt er, auch Scipio vortrug in jenem letzten Gespräch wenige Tage vor seinem Tod: Es ist die Traumerzählung Scipios aus dem letzten Buch von *De re publica*. Sollte aber die andere Meinung zutreffen, die man hört, dass nämlich Seele und Leib gleichzeitig zugrunde gehen und keine Empfindung mehr bleibt, dann ist der Tod auch kein Übel. Diese Gedanken bringt Cicero ebenfalls im *Cato* wie auch in den *Tuskulanen*; sie waren ihm wohl beim Verlust seiner geliebten Tochter Tullia wichtig geworden und ließen ihn nicht mehr los.

Ausgehend von dieser Würdigung des verstorbenen Freundes bitten die jungen Leute nun Laelius, ihnen doch allgemein etwas über die Freundschaft vorzutragen. Sie ist ja ein Thema bei den griechischen Philosophen, bei Aristoteles in seinen Werken über Ethik, sein Schüler Theophrast hat sogar eine eigene Abhandlung darüber geschrieben. ›Ja da wäre es doch das Beste, wenn ihr zu den griechischen

Philosophielehrern ginget und euch dort einen Vortrag halten ließet‹, meint Laelius. – ›Das haben wir schon getan, aber wir wollen es von dir hören, deine Art des Vortrags ist doch etwas ganz anderes!‹ Laelius, also Cicero, bindet die theoretischen Erörterungen in die römische Lebenswirklichkeit ein.

Wer in Rom von Freundschaft spricht, meint primär nicht die gefühlsbestimmte Bindung zweier Menschen; *amicitiae* sind vielmehr die üblichen Zweckbündnisse, wie sie von den Angehörigen der Oberschicht geschlossen werden, um im politischen Leben voranzukommen, Unterstützung zu gewinnen bei Wahlen, vor Gericht, bei Kommandos in den Provinzen. Auch Cicero war auf solche Bündnisse angewiesen. Sein Bruder Quintus weist ihn darauf hin, dass er im Wahlkampf seine Vorbehalte als »Platoniker« zurückstellen muss. Der Begriff Freund ist ja, sagt er, in der Politik, besonders bei Amtsbewerbungen, weiter gefasst als sonst im Leben. Bei aller gebotenen Kontaktfreudigkeit darf Cicero freilich nicht vergessen, dass bei diesen *amicitiae*, den Parteifreundschaften, überall Neid, Missgunst, Betrug und Hinterhältigkeit lauern.[11] Cicero macht sich Atticus gegenüber Luft über diese Scheinfreundschaften mit ihren falschen Höflichkeiten und erzwungenen Rücksichtnahmen. Vor diesem Hintergrund wirkt die Emphase verständlich, mit der Laelius, gar nicht wie ein nüchterner Römer, in geradezu platonischen Tönen die gefühlsmäßige Anziehung, Liebe und Sympathie, als Antriebskraft echter Freundschaft betont. Und er lehnt

11 Quintus Cicero, *Commentariolum petitionis – Denkschrift über die Bewerbung um das Konsulat* § 46; 16; 39.

auch nachdrücklich praktische Erwägungen als Beweggrund für die Freundschaft ab. Diese hat ihren Ursprung nicht, wie manche Philosophen sagen, im gegenseitigen Nutzen, in der Bedürftigkeit und im Mangel, dem durch Not- und Interessengemeinschaften Einzelner abgeholfen werden soll. Sich an andere anzuschließen ist vielmehr ein primärer Trieb des Menschen als eines sozialen Wesens. Und der Mensch fühlt sich nicht angezogen von den Hilfsquellen des anderen, sondern von seiner edlen Gesinnung, der Tugend. Und nur sie, die *virtus*, zeugt und erhält wahre Freundschaften; nur unter Guten, also moralisch integren Personen, ist sie möglich, daher gehören für Laelius Tugend und Freundschaft zusammen. Die *virtus*, ursprünglich ›mannhafte Art‹, ›kriegerische Tapferkeit‹, ist zu einem Zentralbegriff des römischen Traditions- und Wertebewusstseins geworden. Sie umfasst die (später so genannten) vier Kardinaltugenden: Weisheit, Gerechtigkeit, Tapferkeit, Selbstbeherrschung. Vor allem aber bezieht sie sich auf die Pflichten des Römers gegenüber der Gemeinschaft, die unter dem Einfluss des stoischen Gedankens vom Weltbürgertum auf die ganze Menschheit ausgedehnt werden. Die *virtus* als Gesamtbegriff sittlicher Vollkommenheit bewährt sich im sozialen Handeln, also auch und gerade in der Freundschaft.

Hier kommt Laelius auf ein entscheidendes Thema zu sprechen: die Pflichten und Grenzen der Freundschaft. Wenn beide Partner der Tugend verpflichtet sind, wird es da keine Konflikte geben: Ein Freund darf vom anderen nur sittlich Gutes fordern, ihm zuliebe nur sittlich Gutes tun. Aber die Wirklichkeit sieht anders aus: Da fordert der eine Hehler- und Kupplerdienste bei unsauberen Geschäften, ein anderer gar Gefolgschaftstreue bei staatsgefährdenden Unternehmungen. Cicero musste sich in diesem Zusammenhang an den Ausspruch erinnern, mit dem Catilina seine Spießgesellen auf sich eingeschworen hatte: »Das Gleiche wollen und das Gleiche nicht wollen, das erst ist echte Freundschaft.«[12] Laelius bringt Beispiele aus seiner Zeit, mit den Unruhen, die durch die staatsgefährdenden Bestrebungen des Tiberius Gracchus erregt worden waren. Damals gab es einen, der für Gracchus sogar das Kapitol angezündet hätte, so ein treuer Freund war er ... Dabei war, so sagt Laelius, die Herrschaft des Gracchus ein *regnum*, die Machtstellung eines Königs, was in Rom als das schlimmste Verbrechen galt seit der Vertreibung der etruskischen Könige und der Errichtung der Republik. Spricht hier nur Laelius, der sich um die Zukunft des Staates sorgt?

Das Problem der Freundestreue war höchst aktuell. Während Cicero am *Laelius* arbeitete (wohl zwischen März und November 44), war Caesar an den Iden des März ermordet worden. Ein Tyrannenmord, dem nach dem Willen der Verschwörer die Wiederherstellung der Republik folgen sollte. Doch die Bürgerschaft trat keineswegs geschlossen hinter Brutus und Cassius. Marcus Antonius hielt als Freund und Gefolgsmann dem toten Diktator die Leichenrede, und es scharten sich viele um ihn, die sich aus mehr oder weniger edlen Beweggründen zur Freundschaft mit dem Toten bekannten. Unter den Ehrenhaften war Gaius Matius, ein alter Freund Ciceros und enger Vertrauter Caesars. Nun wird Cicero zugetragen, Matius beschwere sich

12 Sallust, *Coniuratio Catilinae – Die Verschwörung des Catilina* 20,4.

über seine, Ciceros, mangelnde Freundestreue. Dieser rechtfertigt sich, und Matius antwortet ihm. Die beiden Briefe sind geradezu praktische Beispiele für das von Laelius über die Grenzen der Freundschaft Gesagte.[13] Cicero erkennt dankbar an, wie Matius stets um einen Ausgleich zwischen ihm und Caesar bemüht war, wie er ihm, obwohl beide im Bürgerkrieg in verschiedenen Lagern standen, niemals seinen Rat und Zuspruch versagte. Doch nun hat Matius, dies war Ciceros Vorwurf, für ein Gesetz gestimmt, das den »Befreiern«, wie sich die Männer um Brutus und Cassius nannten, und damit der Sache des Staates entscheidende Nachteile, dem Caesarfreund Antonius aber große Vorteile zum Ausbau seiner Machtposition brachte. Außerdem hat Matius die Festspiele zu Ehren des toten Caesar veranstaltet und damit seinen Anhängern einen großen Prestigegewinn verschafft. ›Du hast natürlich in pietätvoller Gesinnung gehandelt‹, schreibt Cicero, ›aber wenn Caesar ein *rex* war, eine Königsherrschaft innehatte, woran ich selbst nicht zweifle, dann kann man deine Handlungsweise auf zweierlei Art beurteilen: entweder, dass man deine treue, menschliche Gesinnung anerkennen müsse, mit der du den Freund noch im Tode liebst, oder aber dass man die Freiheit des Vaterlandes über das Leben eines Freundes zu stellen habe.‹ Matius rechtfertigt sich in seinem Antwortbrief so, wie es Cicero ihm bereits zugebilligt hatte: Den Pflichten der Menschlichkeit werde er niemals

13 Cicero, *Epistulae ad familiares – Briefe an die Freunde* 11,27 und 28, Ende August 44. – Es wurde vielfach angenommen, Cicero habe unter dem Eindruck der Verhältnisse nach Caesars Tod eine Bearbeitung bzw. Erweiterung des Textes vorgenommen und die Grenzen der Freundschaft stärker betont.

untreu werden – man dürfe doch wohl trauern um den Tod eines Freundes und dessen Andenken hochhalten. Es gebe welche, die behaupten, erst komme das Vaterland, dann die Freundschaft, sie hätten aber noch nicht bewiesen, dass Caesars Tod von Nutzen für den Staat gewesen sei. Von solchem Gerede zweifelhafter Vaterlandsverteidiger will sich Matius nicht in seiner standhaften Haltung irremachen lassen; wenn es sein müsse, werde er sich nach Rhodos zurückziehen. Trotz der schonungsvollen Worte Ciceros und der menschlich verständlichen Haltung im Antwortschreiben des Matius wird klar, dass hier ein Konflikt bestehen bleibt. Die Freundestreue darf niemals einen Vorrang vor den Pflichten gegenüber der Gemeinschaft haben, weder aus persönlicher Zuneigung noch in Form der Parteidoktrin. Das ist Ciceros Überzeugung, und so betont es auch sein Laelius, der zum Schluss nochmals den hohen Wert der Freundschaft preist, die mit der Tugend geradezu eins wird.

Im Gegensatz zu späteren Lesern wie Montaigne mit seinem Essay über die Freundschaft konnte der Adressat Atticus die Lektüre nicht vorbehaltlos genießen. Er sorgte sich um den Freund, der inzwischen den Zufluchtsort der Philosophie aufgegeben und sich wieder in den politischen Kampf gestürzt hatte. Statt der erhofften Wiederherstellung der Republik nach dem Tod des Diktators drohte eine Militärdiktatur unter Führung des Marcus Antonius. Mit seiner ersten Rede gegen Antonius hatte Cicero diesen gegen sich aufgebracht; er schickte die zweite, in äußerst scharfem Ton gehaltene, an Atticus, der zu Vorsicht und Mäßigung riet und von einer Veröffentlichung zum gegenwärtigen Zeitpunkt absehen wollte. Cicero gab ihm recht, es freute ihn aber, dass Atticus ein anderes neues Werk, das er ihm zugeschickt hatte, als eine nutzbringende Lektüre bezeichnete. Es war die Schrift über das Alter, die er wohl zwischen Januar und März 44 verfasst hatte.

Cato der Ältere – Über das Alter
»Alle wünschen sich, das Alter zu erreichen, doch wenn sie es erreicht haben, beklagen sie sich darüber«

Cicero will sich und dem Freund das Alter annehmbar machen, sind sie doch beide über sechzig, also in den Jahren, in denen die *senectus*, das Greisenalter, beginnt. Sie sollen sich über ihre Jahre nicht beklagen, sondern dem Alter das Beste abgewinnen. Wer könnte dafür als Gewährsmann besser geeignet sein als Cato, der in höchstem Ansehen ein so hohes Alter erreicht hat? Den Ausgangspunkt des Gesprächs bildet wie im *Laelius* die Frage junger Leute an einen Älteren – dort, wie Laelius mit dem Tod des Scipio umgehe, hier, wie Cato sein hohes Alter von 84 Jahren ertrage. Wieder ist es eine Lehrsituation, der fruchtbare Umgang der Jüngeren mit den Älteren, noch verstärkt durch Catos Schilderung seiner eigenen Jugendbegegnung mit einer der römischen Vorbildgestalten, dem Feldherrn Quintus Fabius Maximus. Für Cicero war der alte Cato ebenfalls ein Vorbild, stammte er doch aus Tusculum, seinem eigenen Lieblingsort; Cato war wie er selbst ein *homo novus* vom Land gewesen, hatte sich emporgearbeitet zum Konsul und Feldherrn; das Amt des Zensors, mit der Führung der Senatorenliste und der Aufsicht über die Sitten, hatte er so streng und gewissenhaft geführt, dass er den

Beinamen Censorius erhielt. Er war auch als Redner berühmt; seine Definition des Redners als *vir bonus dicendi peritus* – ein rechtschaffener Mann, der des Redens kundig ist – fand Ciceros volle Zustimmung.

Cato verhielt sich zwar ablehnend gegenüber einer unkritischen, allzu bereitwilligen Übernahme der griechischen Bildung; er hatte jedoch im Alter noch Griechisch gelernt und die griechische Literatur studiert. Als Schriftsteller hatte er den gleichen Anspruch wie später Cicero: So verfasste er mit seinem (heute verlorenen) Geschichtswerk *Origines – Ursprungsgeschichten* das erste historische Prosabuch in lateinischer Sprache,[14] das er bewusst den griechisch geschriebenen Werken römischer Autoren an die Seite stellt. Es beginnt mit der Gründung der ältesten römischen Städte, wie Lavinium, Alba Longa und Rom, und geht bis zur Gegenwart des Verfassers, dessen eigene Taten auch Erwähnung finden. Erhalten ist Catos Werk *De agricultura – Über die Landwirtschaft*, das erste Lehrbuch über dieses Thema, mit vielerlei Ratschlägen für die Bewirtschaftung eines Landguts. Cato erweist sich hier als erfahrener Praktiker, der eher die Rentabilität des Betriebs im Auge hat, als in den Annehmlichkeiten des Landlebens zu schwelgen. Doch Cicero will ihn nicht als den Hardliner, den knorrigen Alten darstellen, sondern mit der Milde und Weisheit, der Serenität des Alters. So verleiht er ihm sympathische Züge, indem er ihn ausführlich über seine Freude am Säen und Pflanzen sprechen lässt. Ob sich der histori-

14 Vgl. das *Handbuch der lateinischen Literatur der Antike*, Bd. 1: *Die archaische Literatur. Von den Anfängen bis Sullas Tod*, hrsg. von W. Suerbaum, München 2002, S. 380–418. (Hier auch zu Ennius S. 119–142; auch zum sogenannten Scipionenkreis S. 483–491.)

sche Cato bei allem Interesse für die griechische Bildung bis zum platonischen Beweis der Unsterblichkeit der Seele aufgeschwungen hat, ist fraglich; Cicero nimmt etwaige Zweifel des Atticus vorweg mit dem Hinweis auf die griechischen Studien Catos. Er ist bemüht, die platonischen Ideen hier weitgehend aus den Lehren der Pythagoreer herzuleiten, »ehedem italische Philosophen genannt, geradezu unsere Landsleute«, wie Cato sagt, mit deren Gedankengut er bei seinem Aufenthalt in Tarent und Unteritalien durchaus in Berührung gekommen sein mag. Das Jonglieren Catos mit einer Fülle von Konsulatsjahren beweist nicht nur den Erfolg seines Gehirnjoggings nach pythagoreischer Art; es ist auch als ein Kompliment an Atticus gedacht: Er verfasste geschichtliche Abrisse und konnte Cicero oft Auskunft geben über historische Daten.

Auf jeden Fall hat Cato Anspruch auf den Ehrentitel eines römischen *sapiens*, eines Weisen, der ihm auch im *Laelius* zugestanden wird. Dort wird der aus römischer Tradition stammende Begriff des Weisen und der Weisheit ein wenig ironisch abgesetzt von der spitzfindigen Gelehrsamkeit der griechischen Philosophen – gemeint sind vor allem die Stoiker strenger Observanz –, die den Weisen im Besitz aller Tugenden darstellen, wahrhaft frei, reich und glücklich, aber gleichzeitig erklären, es gäbe ihn eigentlich gar nicht. Gegenüber einem solchen Ideal sind Männer wie Cato mit seiner Lebensklugheit, Erfahrung und seinem lebenslangen Einsatz für seine Mitbürger doch eher als Weise zu bezeichnen.

Dem geradlinigen Charakter des Cato entsprechend ist auch seine Rede klar aufgebaut, in vier Punkte gegliedert, gemäß den hauptsächlichen Vorwürfen gegen das Alter, die jeweils widerlegt werden: 1. Das Alter verwehre dem Menschen jegliche Tätigkeit. 2. Im Alter habe man keine Kraft mehr. 3. Das Alter gewähre keine Sinnenlust mehr. 4. Das Nahen des Todes sei bedrückend. Dazwischen heißt es immer wieder: ›Wozu sage ich das‹ – ›Damit meine ich …‹. Cicero gibt seinem Cato feste Konturen und lässt ihn glaubwürdig wirken mit seiner Botschaft: Keine Angst vorm Älterwerden. Mag man auch seine Ansicht über Reisegeld und Reiseweg angesichts heutiger Bedürfnisse im Alter nicht mehr teilen, so wird man ihm bei seinen Trainingsratschlägen und dem Lob des gemeinschaftlichen Umgangs von Jung und Alt durchaus zustimmen, und auch seine Gartenleidenschaft wird von vielen Älteren bis heute geteilt.

Indem der Dialog in das Jahr 150 verlegt wird, ein Jahr vor Catos Tod, sind seine Worte gleichsam ein Vermächtnis an die Nachwelt.

Scipios Traum

»Die Menschen sind nämlich unter dem Gesetz geschaffen, dass sie diesen Globus, den du in der Mitte dieses Weltentempels siehst und der Erde genannt wird, schützen und hegen sollen«

Die Freunde, die zu Cato kommen, Scipio und Laelius, treten als Hauptpersonen auf in Ciceros Staatsschrift, in der Scipio, ebenfalls kurz vor seinem Tod, als sein Vermächtnis die Traumvision wiedergibt, in der ihm vom Weltall aus die Bestimmung des Menschen und sein Lohn verkündet wird. Laelius erwähnt dieses Gespräch in seinem Vortrag über die Freundschaft, gewissermaßen als einen Schwanengesang, und Cato gibt seiner Überzeugung Ausdruck, die verdienten Männer, wie Scipios Vater und seine Großväter, lebten noch, und zwar in jenen himmlischen Sphären, wohin diejenigen zurückkehren, die ihre Bestimmung im Leben erfüllt haben. Obwohl Ciceros Staatswerk schon früher entstanden ist – es wurde 51 herausgegeben –, steht es durch die Personen, die Männer seiner geistigen Ahnengalerie, in enger Verbindung mit dem *Laelius* und dem *Cato*. Auch hier wird die Erziehungs- und Lehrsituation thematisiert, sowohl im Gespräch über den Staat wie dann in der Traumvision. Zunächst wird Scipio von seinen jüngeren Freunden gebeten, über den Staat zu sprechen, und er will es tun nicht als gelehrter Vortragsredner wie bei den Griechen, sondern als ein Römer: »einer von den Männern in der Toga, der durch die Fürsorge des Vaters eine recht gute Erziehung erhalten und von Kindheit an einen brennenden Lerneifer besessen hat, einer, dessen Bildung sich aber doch viel mehr auf die Erfahrungen des tätigen Lebens und die heimischen Lehren als auf Büchergelehrsamkeit gründet.«[15]

Das Staatswesen, dessen Bild Scipio vor Augen stellt, ist auf Gerechtigkeit gegründet, wie bei Platon in seiner *Politeia*, dem Werk über den Staat, es ist aber keine Konstruktion eines Idealstaats wie dort, sondern ausgerichtet am Gemeinwesen der Vorfahren, ohne die späteren Verfalls- und Entartungserscheinungen (die freilich nicht verschwiegen werden). Die Leitung dieses Staates soll von Bürgern übernommen werden, die keine Eigeninteressen im Auge ha-

15 *De re publica* 1,36. Ähnlich kann Cicero von sich selbst sprechen.

ben, sondern nur das Wohl ihrer Mitbürger. Der *optimus civis*, der beste Bürger, wirkt kraft seiner Autorität, die er sich im Dienste des Gemeinwesens erworben hat – wie Scipio, dem der krönende Abschluss des Werkes gewidmet ist.[16] Er berichtet von einem Traum, in dem ihm zuerst sein Vater, dann sein Ahnherr Scipio Africanus, der Sieger über Hannibal, erscheint und ihn einen Blick in die Sphären des Weltalls tun lässt. Die beiden Älteren belehren ihn, den Jüngeren: Er soll erkennen, dass es ein Weiterleben gibt, dass die aufopferungsvolle Tätigkeit im Gemeinwesen ihren Lohn im Transzendenten findet. Angesichts der Größe der außerirdischen Räume wird alles Irdische klein, selbst der Ruhm. Dafür gewinnt man die Freiheit der Seele, die in ihrem Erkenntnisstreben auf die Teilhabe am göttlichen Sein ausgerichtet ist. Überwältigt von seinen Eindrücken, möchte Scipio sogleich hinübergehen und sein irdisches Dasein verlassen, das für ihn, wie angekündigt, noch Mühsal und Gefahren aller Art bereithält. Doch er wird belehrt, dass er sich seiner von den Göttern bestimmten Aufgabe nicht entziehen darf. Er muss warten, bis ihn der Gott aus den Fesseln des Körpers befreit. Im Bewusstsein der Zugehörigkeit zu jener geistigen Welt und der daraus gewonne-

16 Das *Somnium Scipionis* ist das Gegenstück zum Schluss von Platons *Politeia*, in dem ein unbekannter Mann namens Er aus Pamphylien nach der Schlacht, schon auf dem Scheiterhaufen, wieder zum Leben erwacht und vom Schicksal der Seelen im Jenseits berichtet. Im Gegensatz zum nur unvollständig überlieferten übrigen Werk ist das *Somnium* ganz erhalten; es fand seiner Jenseitsmystik wegen das Interesse spätantiker Platoniker, wie des Macrobius (um 400 n. Chr.). Mit seinem Kommentar zusammen ist der Text überliefert.

nen inneren Freiheit werden die Anforderungen des Lebens leichter zu ertragen sein.

Scipio ist beim Erzählen noch einmal eingetaucht in diese Vision; als er sich wieder besinnt, sieht er sich im Kreis seiner Freunde, die besorgt sind wegen der Andeutungen über eine Todesgefahr. Scipio starb ein Jahr später, wie im *Laelius* berichtet wird. Die Aufgabe, den römischen Staat aus seiner Krise zu befreien, hatte er nicht vollenden können; sie stellte sich immer von neuem, so nach Caesars Tod und dem missglückten Versuch der Caesarmörder, die Republik wiederherzustellen. Die Tugend verwirklicht sich im Handeln, und das edelste Handeln ist das für das Staatswesen, hatte Cicero oft gesagt. So hatte er den Zufluchtsort der Philosophie verlassen und einen Kampf begonnen, der aus späterer Sicht aussichtslos war. Es gelang ihm, dem über Sechzigjährigen, eine Einheitsfront gegen Marcus Antonius aufzubauen, eine kurze Zeit lang stand er an der Spitze des Staates, dokumentiert in seinen *Philippischen Reden*[17], doch dann verließ ihn sein wichtigster Bündnispartner und wechselte zum Feind über: der neunzehnjährige Gaius Octavianus, der sich, als Großneffe und Adoptivsohn des Diktators, Caesar nannte – der spätere Augustus – und die Soldaten auf seine Seite gebracht hatte. Er machte mit Antonius gemeinsame Sache, bekämpfte die Senatspartei, errichtete eine Militärdiktatur in Rom, mit dem erprobten Mittel der Proskriptionen. An der Spitze der schwarzen Listen stand der Name Ciceros, als des Ver-

17 So genannt nach den Reden des Atheners Demosthenes, mit denen er 349 zum Kampf gegen König Philipp von Makedonien aufrief.

fassers der *Philippischen Reden*. Antonius hatte darauf bestanden; Octavian, der Cicero seinen väterlichen Ratgeber genannt hatte, gab nach.

Nach dem Scheitern seiner Politik seit Ende April 43 hatte Cicero gewünscht, nach Athen zu seinem Sohn zu reisen, der dort studierte. Er hatte noch das dem jungen Marcus gewidmete Werk *De officiis – Vom pflichtgemäßen Handeln* vollenden können, in dem er einschärft, das sittlich Gute, zugleich das Ehrenvolle (*honestum*), müsse immer den Vorzug haben vor dem Nützlichen (*utile*). Wie in seinen übrigen Werken treten auch hier die Vorbildgestalten aus Roms Vergangenheit auf, die den Tod nicht gescheut hatten, wenn es darum ging, ihre Aufgabe zu erfüllen. Auch Cicero empfing gefasst den Todesstreich von der Hand seiner Mörder. Ob er, wie er es seinen Laelius, Cato und Scipio mit so viel Überzeugung sagen lässt, an die Unsterblichkeit der Seele und ihr Weiterleben glaubte? Sicher teilte er die Ansicht, es hätten sich doch die Großen der Vergangenheit in ihrem Leben nicht so abgemüht, wenn sie nicht an irgendeine Verbindung zur Nachwelt geglaubt hätten.[18] Und diese Art des Weiterlebens bestätigt ihm schon wenige Jahrzehnte nach seinem Tod der römische Geschichtsschreiber Velleius Paterculus, wenn er sagt, Antonius habe nichts ausgerichtet mit seiner Mordtat: »Cicero lebt und wird leben im Gedächtnis aller Zeiten, und solange diese Welt besteht – mag sie durch Zufall, durch göttliche Vorsehung oder auf welchem Weg auch immer ent-

18 Von dieser seiner Überzeugung, die auch für sein eigenes Leben gelte, spricht er in der *Rede für Archias* 29 f. Vgl. auch *Tuskulanen* 1,32 ff.

standen sein –, die er sozusagen als einziger Römer im Geist geschaut, mit seinem Verstand umfasst und durch seine Redegabe erhellt hat, so lange wird sie auf ihrem Weg durch die Zeit vom Ruhm Ciceros begleitet werden.«[19]

19 Velleius Paterculus, *Historia Romana – Römische Geschichte* 2,66, lat.-dt. hrsg. von M. Giebel. Stuttgart 1989/2004. Mit der Frage der Weltentstehung wird auf Ciceros philosophische Werke angespielt wie auf *De natura deorum – Vom Wesen der Götter*.